W0405419

GRÉGORY

BRIGITTE HEMMERLIN
VANESSA PONTET

GRÉGORY
SUR LES PAS D'UN ANGE

l'Archipel

Crédits photos cahier hors-texte :
page 1 : © Éric Catarina / Gamma / Eyedea ; pages 2 et 3 : © Alain Benainous / Gamma / Eyedea ; page 4 : © Pascal Guyot / Files / AFP ; page 5 : © Lionel Flusin / Stills / Gamma / Eyedea ; page 6 : © *en haut :* © Alain Benainous / Gamma / Eyedea ; *en bas :* Jacques Paoli / Gamma / Eyedea ; page 7 : © Gamma / Eyedea ; page 8 : © Éric Catarina / Gamma / Eyedea.

www.editionsarchipel.com

Si vous souhaitez recevoir notre catalogue et être tenu au courant de nos publications, envoyez vos nom et adresse, en citant ce livre, aux Éditions de l'Archipel,
34, rue des Bourdonnais 75001 Paris.
Et, pour le Canada, à
Édipresse Inc., 945, avenue Beaumont,
Montréal, Québec, H3N 1W3.

ISBN 978-2-84187-997-7

Copyright © L'Archipel, 2007.

À tous les enfants malades

Au revoir, petit ange !

« C'était un petit bonhomme.
Il est parti comme
un grand monsieur. »
(Nikos Aliagas)

3 mai 2007. Ils sont venus nombreux rendre un dernier hommage au petit prince de la chanson française. Ce jour-là, à Chambéry, la ville de son enfance, plus de quatre mille personnes se massent sur le parvis de la cathédrale Notre-Dame pour dire un dernier adieu à Grégory Lemarchal. Il avait vingt-trois ans. Au pied du mur séculaire de l'entrée, ses fans ont déposé des centaines de bouquets de roses et de lys blancs, ses fleurs préférées. Dans la foule, des adolescentes font des malaises, d'autres sont inconsolables : « Quand j'ai appris sa disparition, j'ai tout de suite allumé une bougie », avoue Clara, quinze ans. « C'est pas juste, ajoute son amie Mathilde entre deux sanglots, il se battait

tellement contre la maladie, il ne se plaignait jamais, il n'a pas eu assez de temps ! » En ce funeste jeudi après-midi, beaucoup de jeunes ont séché les cours pour accompagner les derniers instants de leur idole. La Savoie est en deuil, mais la tristesse va bien au-delà des seules frontières de sa région natale. Partout, la France pleure le jeune chanteur à la voix d'ange. Aux journaux télévisés nationaux de 13 heures, des reportages sont consacrés à la cérémonie, prévue deux heures plus tard à Chambéry. Dans toute la presse, depuis quatre jours, de nombreux portraits de Grégory ont succédé aux brèves annonçant sa disparition. La mort du petit prince est un événement tragique qui a frappé tout le monde en plein cœur. À Chambéry, ce jour-là, de nombreux journalistes ont été envoyés spécialement pour couvrir les obsèques émouvantes d'un jeune artiste devenu icône, disparu trop tôt, le 30 avril 2007, des suites d'une maladie génétique, la mucoviscidose. Face à l'émotion ressentie dans tout l'Hexagone à l'annonce de son départ, il ne fait alors plus aucun doute que le grand vainqueur de la quatrième saison de la « Star Academy » avait su séduire, en seulement trois ans, un très large public, par son talent, sa dignité et sa volonté de combattre la maladie.

Peu avant 15 heures, Nikos Aliagas, le présentateur de la « Star Academy », entre dans la cathédrale. À son côté, Alexia Laroche-Joubert, la directrice du château de Dammarie-lès-Lys, Kamel

Ouali, le professeur de danse, et d'anciens élèves de la promotion 2004 comme Sofiane, Lucie ou Hoda. Pascal Nègre, le président d'Universal Music France, la maison de disques de Grégory, arrive à son tour accompagné d'Étienne Mougeotte, vice-président de TF1, du producteur Gérard Louvin, mais aussi des chanteurs Marc Lavoine et Patrick Fiori qui ont tenu à faire le voyage depuis Paris en souvenir de leurs merveilleux duos avec Grégory sur le plateau des *prime* de la « Star Ac ».

À l'intérieur de l'édifice, mille deux cents personnes se serrent les unes contre les autres. Proches, famille, amis, anonymes ou célèbres, tous sont là pour vivre un ultime moment près de lui.

« Pourquoi je vis, pourquoi je meurs, pourquoi je ris, pourquoi je pleure... » Soudain, l'incroyable voix aux quatre octaves de Grégory résonne dans la cathédrale, puis bien au-delà. Sur le parvis, équipé de haut-parleurs, l'assistance retient son souffle et ses larmes. Jamais les paroles de la chanson de Luc Plamondon et Michel Berger, « SOS d'un terrien en détresse », n'avaient résonné en chacun de manière si bouleversante. *« ... J'aim'rais mieux être un oiseau, dodo l'enfant do »*... Ainsi finit la chanson. Troublante. Quand les dernières notes s'envolent vers la voûte, personne n'ose briser le silence, jusqu'à ce que la foule de fans massés à l'extérieur fasse monter la clameur de ses applaudissements. Bientôt, toute la cathédrale applaudit celui qui vient de chanter pour eux une dernière fois. « Comme à l'Olympia, tu joues à guichets fermés,

Greg », lance ému son père, Pierre Lemarchal. Puis, la voix forte et le ton posé, il remercie tous ceux qui ont permis à son fils de réaliser son rêve : chanter. Il s'adresse aussi à tous les malades « qui ont repris espoir grâce à [lui] » pour les encourager à « ne jamais baisser les bras ». Enfin, il s'en prend à quelques « journalistes et chroniqueurs qui, sous prétexte d'avoir une plume ou un micro », ont blessé son fils en négligeant son talent pour ne parler que de sa maladie. Vient le tour de Leslie. La jeune sœur de Grégory s'avance seule, hésitante, vers le micro. À plusieurs reprises, sa voix se fêle mais ne s'éteint pas pour rendre hommage à celui dont elle était la première fan : « Les anges t'ont rappelé trop vite, pourtant tu t'es battu sans cesse avec une force de l'au-delà que l'on ne sait même pas expliquer… On se retrouvera un jour, mon frère, je t'aime à l'infini. » Au premier rang, Laurence, sa mère, et Karine, l'amie de Grégory, sont en larmes. Ni l'une, ni l'autre n'ont la force de prendre la parole une dernière fois, brisées par la douleur. Pourtant, les hommages se succèdent, émouvants, parfois même drôles.

Une heure trente plus tard, la cérémonie se termine au son de l'« Ave Maria » de Gounod. Tandis que les voix s'élèvent vers les cieux, le cercueil traverse la nef pour rejoindre le fourgon mortuaire. Dehors, ses fans l'applaudissent une dernière fois. Tous viennent de saluer un petit ange, comme ils l'auraient fait pour un monstre sacré de la chanson française.

La volonté est plus forte que tout !

« C'est ma phrase préférée. Lorsque vous désirez quelque chose, il faut foncer. Se donner les moyens d'y croire. C'est ce que je m'évertue à faire depuis que je suis gamin. »

(Grégory Lemarchal – *Paris-Match*, 23 décembre 2004)

Tous ceux qui, un jour, ont eu la chance de croiser Grégory Lemarchal ne tarissent pas d'éloges à son sujet. Ils l'aimaient pour son humour d'abord, pour sa ténacité ensuite. Car, depuis l'enfance, pas question pour petit Greg d'être morose. Comme le lui ont appris ses parents, la vie est un cadeau dont il faut profiter à chaque seconde. Même si depuis l'âge de vingt mois il souffre de mucoviscidose, une maladie qui atteint les voies respiratoires, les poumons et le pancréas. À la maison, on le soigne mais on ne s'apitoie pas sur son sort. Dans une interview donnée juste après sa disparition, son père confiait aux journalistes que Grégory était très optimiste et aimait la vie : « Il parlait comme quelqu'un qui vivrait cent cinquante ans. » Mais il est parti avant de fêter ses vingt-quatre bougies. Une vie bien trop courte qu'il a pourtant su remplir en s'amusant, sans jamais oublier de vivre un à un, intensément, chacun de ses rêves.

13 mai 1983. Un jour béni pour Pierre et Laurence Lemarchal. Le jour de la naissance de leur premier enfant. Un fils, qu'ils ont décidé de prénommer Grégory. À La Tronche, près de Grenoble, la bourgade où sa maman le met au monde, beaucoup d'arbres sont encore en fleur, et l'on dirait presque que la nature participe au bonheur des jeunes parents. Car cet enfant, qui dort paisiblement dans son berceau, petits poings fermés, ils l'ont tous les deux ardemment désiré et, comme tous les parents, ils ont déjà pour lui des milliers de projets. Pierre Lemarchal exerce à cette époque le métier d'entraîneur sportif dans l'armée. Il se voit déjà en train de jouer avec lui au football, ou de lui apprendre à nager. C'est sûr, un jour, son fils sera un champion, la coqueluche des stades. Un athlète au corps délié, à la musculature parfaite. Laurence, sa maman qui est, quant à elle, déléguée médicale, verrait sans doute Grégory avocat ou, qui sait, médecin. Mais qu'importe, ce qui compte, c'est que ce bébé est le plus beau de tous les nourrissons, puisque

c'est le leur. C'est dire leur joie et leur fierté quand Pierre et Laurence Lemarchal ramènent Grégory chez eux. Ils habitent une jolie ferme du petit village savoyard de Sonnaz, tout près de Chambéry. Ici, à l'ombre d'un imposant château construit au Xe siècle, tout respire le calme et la douceur. Bien sûr, les hivers sont rudes, les étés parfois un peu trop chauds. Mais, quelle que soit la saison ou la température, Sonnaz est le village des enfants heureux. Ils peuvent y courir en toute liberté, se rendre visite l'un l'autre, batailler à coups de boules de neige ou cueillir des fleurs des champs pour en faire des colliers. Ici, le grand méchant loup n'existe que dans les contes de fées, et Grégory grandit dans une famille heureuse et unie.

Au cours de ses premiers mois, c'est un bébé comme tous les autres, à un détail près. Il multiplie les rhumes et les bronchites. Rien de bien grave, bien sûr, c'est du moins ce dont ses parents tentent de se persuader. Leur enfant est peut-être un peu plus fragile que les autres. Il réagit moins bien aux traitements, met plus de temps à se remettre à chaque nouvelle crise. Mais tel est le lot de bien des parents à la naissance d'un bébé. Alors, Pierre et Laurence Lemarchal s'efforcent de cacher leur inquiétude quand Grégory tousse à perdre haleine, chaque nuit, même au cœur de l'été. Combien de fois se sont-ils levés pour courir à son chevet et tenter de le calmer ? Combien d'heures sont-ils, ensuite, restés éveillés à guetter une nouvelle quinte ? Cela, ils ne l'ont confié à personne, bien sûr. Mais, au fil du temps, leurs yeux se creusent de larges cernes noirs, témoins de leurs nuits quasi blanches. Et le docteur Jean-Pierre Gout, leur médecin de famille, commence à se demander ce que cachent ces bronchites répétées et toujours plus sévères. Il finit par prescrire des analyses, des radios, tout en assurant aux parents de Grégory, qui va fêter ses vingt mois, que ce n'est qu'une simple précaution…

Une prise de sang, ce n'est rien pour un adulte. Mais, pour un enfant si petit, c'est autre chose. Et les veines de Grégory sont si fines ! La première fois qu'elle se rend dans un laboratoire d'analyses avec son petit garçon, Laurence Lemarchal est sans doute bouleversée. Mais Grégory supporte avec patience les examens qu'il doit subir. Et pour cause : depuis sa naissance, ou presque, il se plie à tous les soins, toutes les médications, avale sans broncher des sirops aux goûts plus ou moins âcres… Alors, ce n'est pas une petite piqûre qui va lui faire peur ! Grégory tend son bras aux infirmières, s'étend sans protester sur la table de radiologie, ouvre la bouche pour qu'on puisse faire des prélèvements au fond de sa gorge… Puis, une fois débarrassé de toutes ces corvées, il se remet à jouer et à courir comme si de rien n'était. Devant la vaillance de son petit garçon, Laurence reprend courage. Allons ! De par son métier, elle est bien placée pour savoir qu'aujourd'hui la médecine réalise des miracles. C'est sûr, on va finir par découvrir de quoi souffre Grégory, et par y remédier. Quand ce sera fait, le garçonnet pourra reprendre une vie normale, et toutes les nuits passées à son chevet à faire tomber sa fièvre et à écouter son souffle ne seront plus que de mauvais souvenirs. Oui, Laurence Lemarchal a foi dans les médecins et les infirmières qui prennent soin de Grégory et, pas une minute, elle ne doute qu'ils pourront le guérir.

Hélas. En janvier 1984, la nouvelle tombe, terrible. Si Grégory souffre de graves inflammations des bronches, c'est parce qu'il est atteint d'une maladie au nom tristement célèbre : la mucoviscidose. À cause d'un gène déficient, les bronches de l'enfant sécrètent un mucus épais, visqueux qui, s'il n'est pas éliminé quotidiennement, risque de l'étouffer. Il va, en outre, rencontrer des problèmes d'ordre digestif. Grégory doit subir des soins quotidiens : kinésithérapie respiratoire, inhalation, prises répétées de médicaments, dont de très lourdes cures d'antibiotiques. Le sport lui est déconseillé. Et, surtout, son espérance de vie est très limitée, puisqu'on dit alors que les enfants atteints de ce mal succombent en moyenne à l'âge de vingt-quatre ans.

Colère, désespoir, chagrin envahissent les parents apprenant que leur enfant est atteint de ce terrible mal. Puis vient la culpabilité. Car, comme on l'a dit, la mucoviscidose est une maladie génétique. C'est l'un des parents qui la transmet et certains d'entre eux s'en veulent à jamais d'avoir conçu un enfant destiné à souffrir tout au long d'une courte vie. Quelle a été la réaction de Pierre et Laurence Lemarchal quand ils ont découvert la maladie de Grégory ? C'est un secret, qui leur appartient. Mais ce que l'on sait c'est qu'ils sont tous deux de vrais « battants » et que, passé le premier moment d'abattement, ils se reprennent très vite. Certes, Grégory est malade. Mais, en matière de maladie, rien n'est jamais perdu. Dans les années 1950, les enfants atteints de malformations cardiaques étaient condamnés. En 1984, ils sont opérés durant les premiers jours de leur vie et mènent ensuite une existence normale. On guérit même certains cancers, certaines leucémies. Alors, la mucoviscidose sera forcément vaincue un jour. Il suffit d'être patient, confiant, de se tenir au courant des dernières avancées médicales. Et puis, surtout, il ne faut pas que Grégory ait l'impression d'être différent des autres. Il doit grandir en toute confiance, en toute sérénité, mener une vie aussi normale que possible en dépit de son handicap pulmonaire.

1989. Leslie, le second enfant de Pierre et de Laurence Lemarchal, vient de naître, pour le plus grand bonheur de toute la famille. Autre bonheur, la petite fille n'a pas hérité de la maladie génétique qui a frappé son frère. Grégory a six ans quand sa petite sœur voit le jour. Il se bat toujours courageusement contre le mal qui le ronge. C'est un enfant éveillé, intelligent, un « fonceur » qui passe outre à sa maladie et réalise déjà, par la force de sa volonté, des exploits. Ainsi, il a exigé qu'on l'inscrive dans un club de football, une discipline bien trop violente pour lui. Depuis que l'on a diagnostiqué sa maladie, il doit chaque matin laisser un kinésithérapeute presser violemment ses côtes et sa poitrine, pour l'aider à évacuer le mucus sécrété par ses bronches. À chaque rhume, il manque de s'étouffer, doit dormir assis, le dos soutenu par des coussins. Il prend beaucoup d'antibiotiques, avale des dizaines de cuillerées de sirop sans sourciller. Ensuite, une fois les soins terminés, il reprend le cours de sa vie, comme si de rien n'était.

Droit au but

« Sa vie est un message d'espoir. »
(Alexia Laroche-Joubert)

Grégory est un fervent supporter de l'Olympique de Marseille et recouvre chaque matin son lit de l'écharpe bleue et blanche de son équipe favorite. Il rêve secrètement de commenter un jour un match de foot à la télé. Peut-être même s'y exerce-t-il, dans l'intimité de sa chambre. Mais, ce qu'il aime par-dessus tout, c'est courir, comme les autres enfants, à la poursuite d'un ballon... Après le football vient le basket. Grégory Lemarchal choisit ce sport parce que son père, qui a quitté l'armée, est désormais entraîneur d'une équipe de basket féminin de haut niveau. Il veut que Pierre, parfois si exigeant, soit fier de lui. Alors, il s'entraîne sans relâche. Son combat contre la maladie, c'est d'abord contre lui-même qu'il le mène. Il a compris que, pour vivre normalement, il lui faut respecter une discipline et une hygiène de vie strictes, dignes des grands sportifs : dormir huit heures par nuit en moyenne, faire attention à son alimentation, comme n'importe quel athlète. Mais, bien sûr, malgré son courage, il récupère moins vite que les autres. Pire encore : la maladie progresse avec les jours, les semaines, les mois qui passent. Car, la mucoviscidose, c'est un peu comme le cancer. Un mal qui, cellule après cellule, gagne du terrain...

Nuit noire. Dans la petite maison des Lemarchal, tout est calme. Leslie dort. Sur son visage passe un sourire, celui d'une enfant heureuse qui fait un rêve agréable. Grégory, lui, vient de se réveiller, le souffle court. Il connaît bien les symptômes de la crise qui le frappe. Il sait qu'au fil des minutes qui passent il va avoir de plus en plus de mal à respirer. Ensuite, une main aussi forte qu'invisible va le bâillonner, jusqu'à ce qu'il étouffe. Pourtant, il espère, encore, que les choses vont rentrer dans l'ordre d'elles-mêmes. S'il mesure son souffle, s'il parvient à juguler l'angoisse qui monte en lui, peut-être va-t-il se rendormir et, le lendemain, la vie reprendre son cours. À 7 heures, sa maman l'appellera pour venir déjeuner. Puis, ce sera le départ pour l'école. Il n'aime pas trop ça, les cours, mais tout vaut mieux que cette main qui l'oppresse sans relâcher son étreinte. Quelle heure est-il ? 3 heures ? 4 heures du matin ? Le petit garçon n'en sait rien. Ce qu'il sait, c'est qu'il doit économiser le peu de souffle qui lui reste, empêcher, s'il le peut, la quinte de toux qui à présent monte du fond de sa gorge. S'il tousse, il va étouffer et, il le sait d'expérience, toutes les lumières de la maison vont s'allumer et ses parents accourir à son chevet. Il ne veut pas les déranger. Il ne veut pas les fatiguer. Il ne veut pas les inquiéter... Il n'aime pas les vilains cernes noirs qui creusent les yeux de sa mère. Il déteste le pli qui se forme sur le front de son père quand il lui cause du souci. Alors, il lutte, de toutes ses forces, de toute sa volonté. Et, pour oublier le peu d'oxygène qui rentre dans sa poitrine encombrée de mucus, il s'efforce de penser à des choses agréables. Ce but au panier, qu'il a marqué la semaine dernière, sous les vivats des copains de son équipe. La promenade dans les bois qu'ils ont faite, ses parents, sa petite sœur et lui, par un dimanche radieux, et au cours de laquelle il a joué au foot avec son père en s'essoufflant à peine. Ce 15 en maths, inespéré, qui lui a valu les félicitations de sa maîtresse. Et puis, ce cadeau que lui ont offert ses parents pour Noël, la montre qu'il espérait tant... Il rêve éveillé, Grégory. Il fait défiler des images sous ses paupières closes. Mais il ne parvient pas à prendre le dessus sur la crise. Et, d'un coup, il se met à tousser, avec une violence telle que ses pommettes s'empourprent. Il s'assoit, tant bien que mal, se cale contre ses oreillers, lutte encore, tente de faire le moins de bruit possible. Trop tard. Dans le couloir, une lumière s'allume. Ses parents sont réveillés.

Des néons blafards. Des murs d'un jaune pâle. Quelques sièges inconfortables. Des infirmières qui accourent, se penchent sur Grégory. Nous sommes aux urgences de l'hôpital de Voiron. La famille Lemarchal ne connaît que trop bien les lieux. Une fois de plus, Pierre et Laurence ont dû y transporter leur fils en pleine nuit. Une fois de plus, Grégory reçoit des soins intensifs, destinés à le maintenir en vie. Car c'est cela aussi, la mucoviscidose. Une menace qui plane sur l'enfant, comme une ombre maléfique pouvant transformer le plus beau des moments en tragédie. Cette maladie, ce n'est pas seulement un cortège de soins, tous plus contraignants les uns que les autres, c'est aussi la mort qui guette à chaque quinte de toux, déclenchée à n'importe quel moment…

Sept, huit, neuf, dix, onze ans. Grégory tient bon. Il grandit. Il devient peu à peu un garçonnet vif, aux yeux pétillants, au regard intelligent. Le docteur Jean-Pierre Gout, qui l'a suivi de la petite enfance jusqu'à ses dix-huit ans, se rappelle combien le petit garçon qui l'appelait son « papa médical » était attachant : « Il respectait toujours les indications des médecins et les traitements. Mais je ne me doutais pas qu'il avait une telle volonté en lui. Grégory avait son jardin secret. Il faisait la part des choses. Il séparait la vie privée de la vie médicale, ce qui l'a beaucoup aidé, je crois. »

C'est le propre des enfants malades que d'avoir un imaginaire créatif, productif, à la mesure de leurs souffrances. C'est le propre de ces enfants, aussi, de mesurer combien chaque moment de leur vie est précieux. Mais, si nombre d'entre eux se réfugient dans la lecture, l'écriture, ou se contentent d'écouter de la musique ou de regarder la télévision, Grégory, lui, est toujours tourné vers l'extérieur. Il a beau être handicapé par son mal, il s'en fiche. Il faut qu'il bouge, qu'il se surpasse. Il aime aller « droit au but », comme il dit souvent. Il veut se prouver, à travers son dynamisme, qu'il n'est pas seulement malade, mais vivant avant tout. Et c'est à travers le sport qu'il fait reculer les spectres de la maladie et de la mort. Il court, il rit, il joue et, surtout, il se lance des défis. Ainsi, à douze ans, il décide de faire... du rock acrobatique ! Une véritable gageure. En effet, cette discipline est née de l'évolution d'un certain nombre de danses telles que le lindy hop, le be-bop, sans oublier le rock and roll. Pour la pratiquer, il faut à la fois une forme physique exceptionnelle, un véritable sens du rythme et une endurance hors du commun. Le rock acrobatique se danse en effet sur une base de six temps, avec un pas de base dit « sauté ». Il est constitué pour l'essentiel de sauts à pieds joints dans lesquels on jette alternativement les jambes droite et gauche. La chorégraphie est composée de jeux de jambes et de corps, avec des acrobaties. La danseuse est soutenue par le danseur et gravite parfois, lors d'un salto, à près de quatre mètres du sol... et une démonstration d'une minute trente équivaut à l'énergie dépensée lors d'un 800 mètres ! Mais rien de tout cela n'arrête Grégory. Bien au contraire… « Je savais qu'il était malade, mais j'ignorais qu'il souffrait », se souvient Stéphane Roy, son professeur de rock à Chambéry.

En réalité, chacun de ses pas lui coûte un effort terrible. Mais il s'en moque. Ce qui compte, pour lui, c'est cette délicieuse sensation de légèreté qui le gagne au fil des figures. Grégory tourne. Il virevolte. Il tourne à nouveau, en rythme avec sa partenaire. Des brunes, des blondes, des rousses, toutes fines, souples, rieuses comme lui. Des filles qu'il retrouve parfois après le cours, amoureuses déjà de son visage de statue grecque, troué de grands yeux noisette. Mais bien peu savent que ce bel adolescent commence toutes ses journées par une séance de kinésithérapie respiratoire…

Une douleur vive, aiguë, qui monte le long de la cheville. Grégory grimace. Plusieurs jours que ça dure. Il a tenté de se soigner en frottant sa jambe avec une pommade anti-inflammatoire, mais cela n'a servi à rien. Pire. Le mal, au fil du temps, se fait de plus en plus insistant. Rien à faire, il va falloir voir un médecin. Un de plus. Peut-être dira-t-il qu'il n'a rien de grave ? Après tout, comme dit sa maman, le pire n'est jamais sûr…

Hélas. Le médecin, enfin consulté, est formel. Grégory Lemarchal souffre d'une tendinite. S'il veut que celle-ci se résorbe, il va devoir laisser sa jambe au repos pendant plusieurs semaines. Cette immobilisation forcée ne saurait plus mal tomber : dans quinze jours seulement, il doit participer aux championnats de France de rock sauté, une variante du rock acrobatique qu'il pratique depuis un an. Et le voilà obligé de marcher avec des béquilles ! Compétiteur dans l'âme, on le devine, Grégory enrage en se remémorant tout ce qu'il a dû endurer au cours de son entraînement. Des heures et des heures de répétition, tout ça pour rien ! Quant à sa partenaire, elle va être terriblement déçue aussi. C'est trop injuste...

Mais ce serait mal connaître Grégory que de penser qu'il va s'incliner. Dans un premier temps, il se plie à la décision du médecin et laisse sa jambe immobile. Or, après deux semaines passées à ronger son frein, il a moins mal, même beaucoup moins mal. Une idée germe alors dans son esprit. Est-ce qu'il ne pourrait pas essayer de concourir quand même ? Après tout, il ne risque pas grand-chose. Et, comme il le dit à son père, « On verra bien, de toute façon ça passe ou ça casse ! » Une folie ? Oui. Mais, on le verra plus tard, ce genre de folie va devenir, pour Grégory, le lot quotidien d'une existence qui, loin d'être hypothéquée par la maladie, sera de plus en plus trépidante...

La douleur est là, Grégory refuse d'en tenir compte. Nous sommes le jour de la fameuse compétition de rock sauté. Le jeune homme a répété quelques heures, la veille, au bras d'une partenaire aussi ravie qu'enthousiaste. À l'en croire, il est fin prêt. Non seulement il va danser, mais il a promis à sa mère de gagner. Lors de son passage sur scène, Grégory sait que le jury va noter la chorégraphie mais aussi l'acrobatie. L'originalité, le style, le dynamisme et le rythme, mais aussi la difficulté et la précision. Tout compte. À quelques détails près, les critères sont les mêmes qu'en patinage artistique. En coulisses, l'attente est longue mais, quand le jury appelle enfin Grégory et sa partenaire, c'est le déclic. Les pas, les sauts… tout s'enchaîne merveilleusement bien. Un dernier saut, un dernier salut. Voilà, c'est fini. Tout va bien, Grégory est radieux. Une fois encore il a vaincu. Il est fier de lui, mais pas autant que son père. Le soir, quand Pierre Lemarchal rentre à la maison, une surprise l'attend sur la table de la cuisine : le magnifique trophée qu'il découvre signifie que son fils vient d'emporter le titre de champion de France de rock sauté. Une fois encore, la volonté de Grégory a été plus forte que tout. Et ce n'est qu'un début !

Des vacances de rêve

« Il n'était que talent, espoir,
sourire et dignité. »
(Jenifer)

« C'était un garçon exemplaire,
droit. C'est rare. »
(Patrick Fiori)

Été 1998. Celui des quinze ans de Grégory. L'été, aussi, de la Coupe du monde de football. Depuis plusieurs semaines, la famille Lemarchal vibre au rythme des matches gagnés par les Bleus. Le dernier en date, qui a opposé la France à l'Italie, a été particulièrement suivi. Et la fameuse séance de tirs au but, au terme de laquelle notre pays l'a finalement emporté, a été ponctuée, dans la petite ferme de Sonnaz, de cris d'angoisse ou de « hourras » de victoire… Reste que, pour le moment, les Bleus sont peut-être demi-finalistes mais qu'ils sont encore loin d'être les champions. En effet, ils vont devoir se colleter avec une équipe brésilienne à son plus haut niveau, où officie le fameux Ronaldo, un des plus grands joueurs mondiaux, le meilleur peut-être. Tandis que *Le Parisien* titre « Rêvons encore », toute la France se prépare à assister au match. La fébrilité s'empare du pays, au fur et à mesure que les heures passent. Les Lemarchal, eux, font des paris.

— Pour moi, dit Pierre, les Bleus vont gagner. Zidane est au mieux de sa forme.

— Mais non, réplique Grégory, catégorique. Les Brésiliens sont bien plus forts. Face à Ronaldo, ton Zidane ne fait pas le poids.

— Il est blessé, Ronaldo ! On ne sait même pas s'il va jouer !

— Mais si, il va jouer ! Et il va même marquer !

— Bon, tranche alors Pierre Lemarchal, avec un grand sourire. Si les Bleus gagnent, tu as un gage.

— Ah oui ? Et quel gage ?

— Tu participeras au karaoké du camping d'Argelès-sur-Mer ! »

Participer au karaoké du camping d'Argelès-sur-Mer, où la famille doit prochainement partir en vacances ? Grégory hoche affirmativement la tête. C'est d'accord. Lui, plutôt timide, se produira sur scène si les Bleus sont sacrés champions du monde. Autant dire jamais, puisque les Brésiliens vont leur mettre la pâtée !

12 juillet. Il est 20 h 30. L'heure du match que tout le pays attend. Le stade de France est archicomble. Le président de la République de

l'époque, Jacques Chirac, a pris place dans la tribune officielle. Dans les gradins, des supporters survoltés, vêtus de bleu blanc rouge, chantent *La Marseillaise*, tandis que les Brésiliens brandissent des drapeaux aux couleurs de leur pays. La pelouse est encore vide. Tous se posent la même question. Ronaldo va-t-il entrer en lice, au milieu de ses compatriotes ? Ou bien le Brésil va-t-il devoir se passer de son joueur vedette ? Tandis que les minutes passent, les rumeurs les plus folles vont bon train. Ronaldo n'est pas dans les vestiaires mais à l'hôpital, où il a été admis d'urgence. Ronaldo est bien là, mais il assistera au match en simple spectateur. Ronaldo a décidé de jouer, même s'il sait qu'il sera diminué…

Un dernier mouvement de foule, une dernière ola. Puis les joueurs entrent, les uns derrière les autres. Les Français, avec Thierry Henry, Emmanuel Petit, Zinedine Zidane, entre autres. Puis les Brésiliens… avec Ronaldo, qui semble au mieux de sa forme…

— Regarde ! crie Grégory à son père. Il est là. Les Français ont perdu…

Il se trompe, bien sûr. Car, au fil du match, deux buts sont marqués par Zinedine Zidane. Le troisième, frappé à la quatre-vingt-dixième minute par Emmanuel Petit, signe leur victoire totale. Tandis que dans le stade monte une incroyable vague de joie, alors que les Brésiliens s'effondrent, certains en pleurs, l'équipe de France brandit très haut la coupe d'or si chèrement acquise. C'est le début de festivités qui vont durer presque trois jours... Après le match, les Champs-Élysées sont envahis par une foule immense, brandissant des drapeaux français et algériens. Les visages des joueurs, projetés sur l'Arc de triomphe, sont salués par des vivats toujours plus sonores. Des millions de Français sortent dans les rues en hurlant « Et un, et deux, et trois zéro ! ». La chanson de Gloria Gaynor, « I Will Survive », hymne des Bleus, résonne sur toutes les ondes. Et les joueurs d'Aimé Jacquet, élevés au rang de héros nationaux, défilent sur la plus belle avenue du monde au milieu d'un million de supporters venus les acclamer...

Juillet 1998, toujours. Il fait très chaud à Argelès-sur-Mer. Pour la famille Lemarchal, les vacances commencent bien dans le camping familial où ils ont déjà leurs habitudes. Dans la station balnéaire, le temps s'écoule avec lenteur et de menus riens font leur bonheur. Un lever un peu tardif, un petit déjeuner pris sous l'auvent de la tente, une douche, un tour à la plage suivi d'une baignade dans la mer d'un bleu profond, un déjeuner composé d'une salade arrosée de rosé frais, la sieste, une pétanque à l'ombre. Et des soirées plutôt animées... La direction du camping a bien fait les choses. Un soir, on danse. Un autre, on participe à des jeux bon enfant. Un autre, encore, on pousse la chansonnette, au cours du fameux karaoké qui réunit tous les campeurs ! Grégory, fair-play, a décidé d'exécuter son gage. Il se prépare à monter, lui aussi, sur l'estrade illuminée par deux gros projecteurs, sans se douter, un seul instant, que sa vie est sur le point de basculer. Enfant, Grégory ne s'intéressait pas vraiment à la musique. À l'adolescence, comme tous les jeunes de son âge, il s'est mis à en écouter beaucoup et s'est découvert des idoles : Céline Dion, Lara Fabian, Isabelle Boulay, Daniel Balavoine. Bref, des chanteurs à voix. De plus, grâce à son père qui l'a initié aux grandes figures de la chanson française, Grégory a une culture musicale solide : « Mon père, qui chante beaucoup, m'emmenait au collège le matin en écoutant Serge Lama, Charles Aznavour ou Jacques Brel dans sa voiture. J'avais douze ou treize ans, alors je ne me rendais pas complètement compte de la valeur de ces artistes. Aujourd'hui je m'aperçois qu'ils font partie de ma culture musicale et je remercie mon père pour cela. » Dans sa chambre, en Savoie, il lui arrive de danser et de chanter. Pierre Lemarchal qui, après avoir été entraîneur sportif, est devenu chanteur et animateur, a l'oreille musicale et, à plusieurs reprises, il a été étonné par le talent de son fils. Est-ce parce que Grégory travaille son souffle deux fois par jour depuis l'âge de deux ans, un effort indispensable pour lutter contre la maladie qui lui obstrue les bronches et provoque des quintes de toux à répétition ? Ou bien parce qu'avec son kinésithérapeute, il apprend à inspirer et à expirer, un atout majeur quand on veut devenir chanteur ? Quoi qu'il en soit, malgré la mucoviscidose, le jeune garçon a du coffre, comme on dit. Mais, jusqu'à ce soir de l'été 1998, aucun membre de sa famille n'aurait pu imaginer à quel point la scène le transfigure !

22 heures. Le karaoké bat son plein. Divers candidats se sont succédé. On a entendu « I Will Survive », bien sûr. Puis, le plus classique « Alexandrie Alexandra » de Claude François. Une petite bonne femme endimanchée s'est essayée à chanter Édith Piaf. Lui a succédé une très jeune fille, dont la robe blanche fait ressortir le teint hâlé. À présent, c'est au tour de Grégory. Après de longues hésitations, il a choisi d'interpréter la chanson du grand Charles Aznavour « Je m'voyais déjà ». Prémonitoire ? Peut-être. Ce qui est sûr, c'est que, à l'instant où le jeune homme s'empare du micro, il meurt de trac. Les projecteurs braqués sur lui l'aveuglent, il ne distingue devant lui qu'une foule mouvante. Est-ce qu'un seul son va sortir de sa bouche ? Il n'en est pas certain et se maudit d'avoir parié avec son père. La prochaine fois, il devra y réfléchir à deux fois avant de s'engager…

Quelques notes qui résonnent. Les premières de la chanson. Puis, la voix de Grégory s'élève. Pure. Incroyablement modulable. D'instinct, il la fait partir de son ventre, en une inspiration profonde, avant de la laisser monter le long de sa gorge, avec un frémissement de plaisir. Et il balance sur scène, comme s'il n'avait fait que cela tout au long de sa jeune vie…

« Je m'voyais déjà en haut de l'affiche
En dix fois plus gros que n'importe qui mon nom s'étalait

Je m'voyais déjà adulé et riche
Signant mes photos aux admirateurs qui se bousculaient
J'étais le plus grand des grands fantaisistes
Faisant un succès si fort que les gens m'acclamaient debout... »

Plus tard, Grégory Lemarchal commentera ce moment. « Je me souviens qu'avant de chanter pour la première fois devant un public j'avais un trac incroyable. Il n'y avait aucune raison à cela puisque je ne chantais que pour m'amuser... et pourtant ! En descendant de la scène, ma mère, presque en larmes, m'a dit qu'on entendait les mouches voler. »

C'est effectivement le cas. À la fin de la chanson, un silence total se fait dans l'assistance pendant une fraction de seconde. Étonné, Grégory tente de scruter les spectateurs. Pourquoi se taisent-ils ? Est-ce qu'il a été si mauvais que ça ? Est-ce qu'ils vont le huer ? Non, bien sûr. Ils se mettent à l'applaudir. Ils lui font même un triomphe. Le premier d'une longue, très longue série...

Ironie du sort, grâce au sport et en particulier à la Coupe du monde de football, Grégory vient de se découvrir une passion plus forte que les précédentes : la chanson. « Ce fut comme une révélation, j'ai entamé la deuxième partie de ma vie ce jour-là », confiera plus tard le jeune homme à la presse. De fait, à compter de ce jour, Grégory Lemarchal ne vit plus que dans un seul but : chanter. Car il veut, de toutes ses forces, retrouver la sensation de légèreté infinie qui l'a empli au moment où sa voix est sortie de lui. Un instant magique, durant lequel il a oublié, pour la première fois peut-être, la maladie qui lui ronge les bronches et les poumons. Bien sûr, il sait qu'elle n'a pas disparu. Mais, l'espace d'une chanson, il est, enfin, parvenu à se rendre totalement maître d'elle. Et cela, pour lui, n'a pas de prix…

Voilà sans doute pourquoi Grégory Lemarchal décide d'oublier l'école et de se consacrer désormais tout entier à la chanson. Il lui reste, et ce n'est pas le plus facile, à convaincre ses parents de le déscolariser. Jusqu'à présent, Pierre et Laurence ont veillé à ce qu'il suive ses cours avec le plus de régularité possible, compte tenu de son mal. Accepteront-ils qu'il travaille par correspondance, tout en se lançant dans une carrière de chanteur ? Rien n'est moins sûr. De fait, jusqu'à la fin de l'été, les discussions en famille s'enflamment. L'adolescent est survolté. Pierre et Laurence Lemarchal, eux, sont très hésitants. Puis, contre toute attente, ils finissent par accepter. « Je suis du milieu, j'ai une oreille et je savais que Grégory avait quelque chose à faire passer au public, confiait son père en 2004. Quand nous l'avons déscolarisé à quinze ans, nous avons essuyé des critiques. Certains nous en ont même voulu, mais nous avions surtout besoin de voir notre fils heureux. Nous savions qu'il y arriverait de toute façon. »

Une confiance exceptionnelle que leur fils saluera des années plus tard dans une interview : « De l'extérieur, ça peut paraître incroyable car mes parents n'avaient aucune garantie que cela puisse marcher. Mais ils ont cru en moi, tant mieux. Mes valeurs m'ont été inculquées par mes parents. Ils ne m'ont jamais rien empêché de faire, ils ont toujours été à mon écoute et m'ont toujours soutenu dans ce que j'entreprenais. Ils m'ont fait confiance. »

La suite leur a donné raison…

« JUSQU'AU BOUT DE MES RÊVES... »

« Je voulais que l'on me donne ma chance, qu'on me permette de me faire connaître du grand public. La compétition, ça n'a pas été un problème, je me bats avant tout contre moi-même. »
(Grégory Lemarchal – décembre 2004)

Septembre 1998. Leslie Lemarchal prépare son cartable pour la rentrée. Son frère aîné la regarde y glisser des cahiers neufs, une trousse remplie de crayons, de stylos, d'une gomme et d'un taille-crayon dernier modèle. En son for intérieur, Grégory est sans doute un peu nostalgique, alors que la fillette déambule fièrement dans le salon, sac sur le dos. Les cours, c'est sûr, ne vont pas trop lui manquer. Revers de la médaille, il ne retrouvera pas ses copains. Fini les rigolades dans la cour du lycée, les batailles de boules de neige sur le chemin du retour, les boums organisées par l'un ou l'autre l'après-midi. Tout cela est derrière lui. Mais, après tout, qu'importe ! Il a tellement insisté, supplié, bataillé avec ses parents qu'il ne peut plus faire marche arrière ! Sa vie, désormais, a pris un autre cours. À lui l'apprentissage du solfège et les cours de chant. À lui, aussi, les concours et les spectacles donnés dans la région. Son père, qui a beaucoup d'amis dans ce milieu, a promis de l'aider à devenir une vedette. Un jour, Grégory en est certain, le nom des Lemarchal brillera en haut de l'affiche. En attendant, il va commencer par le commencement et tout apprendre de la discipline dans laquelle il a décidé de se lancer.

Il le fait avec l'aide d'un père devenu son principal professeur et son impresario. Pierre Lemarchal, on l'a dit, a de l'oreille, mais aussi une solide culture musicale. Ensemble, un jour ou l'autre, ces deux inséparables, à qui rien ne fait peur, vont y arriver, c'est certain.

1999. Un an a passé depuis le fameux karaoké d'Argelès-sur-Mer. Une longue année au cours de laquelle Grégory n'a cessé de progresser. Il avait une voix, à présent il a un début de technique. Les croches, doubles croches, pauses, soupirs et autres signes cabalistiques des portées n'ont plus de secret pour lui. Il sait maintenant comment tirer parti de sa voix, dompter les aigus, s'essayer aux graves. Et si le souffle lui manque parfois, il se dit que ce n'est pas une catastrophe. L'important, c'est qu'au cours des mois écoulés sa maladie a semblé marquer le pas. À seize ans,

Grégory est toujours en sursis. Mais, parfois, il rêve que le mal qui le ronge va finir par reculer devant sa détermination. Après tout, les miracles existent, à condition qu'on les provoque, comme il le dit parfois, en esquissant l'un de ses sourires lumineux qui font fondre son entourage ! De toute façon, comme il l'affirme aussi, il n'a pas le temps de se faire du souci, puisqu'on vient de lui proposer un nouveau challenge. Participer à l'émission vedette de M6, présentée par Laurent Boyer, « Graines de star »...

« J'me présente, je m'appelle Henri,
J'voudrais bien réussir ma vie, être aimé... »

Voilà, c'est fait. Grégory Lemarchal, le petit provincial au regard de velours, est face aux caméras de télévision. L'air crâne, les épaules en arrière, il interprète avec brio « Le Chanteur » de Daniel Balavoine. Une prestation difficile, au cours de laquelle l'adolescent doit éviter de trop grimper dans les aigus, marteler les mots sans en avoir l'air et y mettre les intentions. Et ce n'est pas terminé. Il doit également chanter, en trio avec deux concurrents, la « Foule sentimentale » d'Alain Souchon. L'exercice est encore plus ardu, d'autant que ses deux acolytes ne sont pas vraiment en mesure. Alors qu'il termine sa chanson, Grégory Lemarchal a-t-il déjà compris qu'il ne sera pas la graine de star ? Qu'importe. Lui, le battant, le compétiteur dans l'âme, ne va pas rester sur un échec...

Des télévisions locales. Des radio-crochets. Des concours de chant régionaux… En cette fin 1999, la vie de Greg, comme on l'appelle parfois, est tout entière vouée au spectacle et à la chanson. Et comment pourrait-il en être autrement, même si le succès n'est pas toujours au rendez-vous ? Chaque fois que le jeune homme commence à chanter, il ressent la même sensation de légèreté, de puissance, et oublie que, le matin même, il a passé de longues minutes à se débarrasser du mucus qui continue à sourdre de ses bronches. Sa voix sort de lui comme une eau claire, qui coule, douce et lumineuse… En fait, c'est une sorte de dédoublement qui s'opère. Il y a Grégory le malade, qui continue de se plier à de contraignantes et douloureuses séances de kinésithérapie respiratoire et à avaler, sans broncher, d'impressionnantes quantités d'antibiotiques. Puis il y a l'autre Grégory, l'homme-oiseau qui se nourrit de sons et de mots et qui commence à être connu, dans sa région du moins, comme un jeune prodige. Tout naturellement, le voilà qui parvient à chanter devant un vrai public, en faisant la première partie des concerts de Gilbert Montagné et Hervé Vilard, lors du passage de leur tournée en Savoie. Bien sûr, les spectateurs ne sont pas venus pour lui, pas encore. Bien entendu, la salle est parfois un peu molle, on attend la star pour laquelle on s'est déplacé. Qu'importe. Grégory aime tellement la scène qu'il se moque d'être applaudi ou pas. Ce qui compte, c'est d'être là, dans la lumière, loin des ombres de la maladie et de la mort qu'il repousse de toutes ses forces chaque fois que s'élève sa voix...

2001, 2002, 2003. Grégory a dix-sept, dix-huit, puis dix-neuf ans. Pour les adolescents atteints de mucoviscidose, c'est un âge critique. On se souvient que Pauline, la fille aînée de France Gall, a succombé à ce mal au cours de cette période, malgré tous les soins qui lui ont été prodigués. Grégory sait que chaque mois qui passe le rapproche de l'inéluctable. Il sait, aussi, que la maladie a recommencé à progresser. De médicaments en inhalations, d'exercices de kinésithérapie respiratoire en courts séjours à l'hôpital, il ne baisse pas les bras, continue de lutter, de toutes ses forces. Chaque quinte de toux est plus forte que la précédente. Chaque accès de fièvre manque le terrasser. Mais il semble ne pas y prendre garde, tant il est tendu vers son but. Chanter. Parfois, ses parents, interloqués, entendent sa voix cristalline monter, alors même qu'il est en pleine crise. D'autres fois, alors qu'il suffoque, ils le supplient de se ménager, de ne pas forcer une santé de plus en plus précaire. Mais Grégory n'en fait qu'à sa tête. Il a un nouveau challenge, l'un de ceux qui l'ont toujours aidé à grandir, pour ne pas dire survivre. Il va jouer et chanter dans une comédie musicale intitulée *Adam et Ève*. Et il va même y tenir le premier rôle !

C'est Paul Tordjmann, auteur-compositeur et producteur, qui a lancé à Lyon le projet ambitieux d'un « roman musical » sur le mythe de nos origines. L'objectif ? Retracer « l'histoire du monde » en vingt-huit tableaux et autant de chansons : « une ode aux valeurs universelles de respect, d'harmonie, d'amour, de pardon et de paix », dira son créateur. Grégory et sa partenaire, Maryam Tribak, âgée de vingt-quatre ans, sont en tête d'une troupe, pour l'instant réduite, de seize chanteurs et danseurs qui évoluent dans un décor virtuel mis au point par le responsable des effets spéciaux de Steven Spielberg et projeté sur un écran de quinze mètres de haut. Du grand spectacle. Grégory est fou de joie de faire partie de ce projet. Son rêve de vedettariat débuterait-il enfin ? Il aime à le croire... D'après les organisateurs, la production doit d'abord faire une tournée de rodage en province, puis s'installer au Zénith de Paris au mois d'octobre 2003. Le Zénith ! Rien que d'y penser, Grégory sent monter en lui une vague d'allégresse irrépressible. Ça va marcher, c'est sûr. Il va brûler les planches. En attendant, il reste, bien sûr, à tester le spectacle devant un vrai public !

5 mars 2003. Grégory et toute la troupe présentent le *« show case »*, une sorte de maquette grandeur nature de leur comédie musicale au Casino de Lyon. Ce soir-là, grâce aux invitations et aux annonces faites par de nombreuses radios, le public est au rendez-vous. Des dizaines d'anonymes, mais aussi quelques *people*, qui accueillent plutôt favorablement la comédie musicale. Un mois plus tard, le premier *single* d'*Adam et Ève* est dans les bacs. Il s'agit de « Où va le monde »,

un duo entre Grégory et sa partenaire. La première fois qu'il l'entend à la radio, le jeune homme manque de s'étouffer de joie. Allons ! Il n'a pas travaillé pour rien. Les heures de répétitions épuisantes, l'angoisse de ne pas y arriver, les malaises cachés, le souffle qui s'est fait si court, les efforts désespérés pour être à la hauteur, tout cela a payé ! Cette voix qui emplit l'air, tout juste sortie des ondes, c'est la sienne ! Désormais, il y a fort à parier que son chemin est tracé. Bientôt, Grégory sera à Paris.

Hélas, comme cela arrive parfois, le disque, pourtant de très bonne qualité, ne reçoit pas l'accueil escompté. Alors, le projet bat de l'aile. L'engouement du public pour les spectacles musicaux n'est plus aussi fort que les années précédentes, le « roman » de Paul Tordjmann ne trouve pas sa place. Le comble, c'est que celui-ci décrète qu'il ne « montera » pas à Paris si sa troupe ne rassemble pas quatre-vingts danseurs au total. Un but impossible à atteindre, compte tenu des contraintes financières qu'il implique. Cette fois, c'est la fin. L'argent ne rentre pas, les partenaires financiers n'y croient plus et se retirent peu à peu. Et, pour finir, le projet est purement et simplement abandonné...

De la déception. De l'amertume. De la colère. Tels sont les sentiments qui envahissent Grégory Lemarchal quand il apprend qu'il lui faut renoncer à son rêve. Ainsi c'est définitif. Jamais il ne jouera le rôle d'Adam au Zénith. Il ne recueillera pas l'ovation de l'immense salle. Décidément, tout va mal, au physique comme au mental. Pour la première fois depuis des mois, la maladie recommence à progresser, les derniers résultats des analyses régulièrement prescrites sont mauvais. Que va-t-il devenir, après ce qu'il considère comme un échec cuisant ? Va-t-il devoir se résigner à reprendre les radio-crochets, les petits spectacles, va-t-il continuer de se produire dans des salles de province, lui qui se voyait déjà à Paris ? Va-t-il même pouvoir continuer à chanter ? Pour la première fois de sa jeune vie, Grégory n'est pas loin de baisser les bras. Or, au moment où son existence se teinte de gris, l'un de ses nombreux amis, impressionné par son talent, lui suggère de se présenter au casting de la saison 4 de la « Star Academy »…

Le tout pour le tout !

« Ce gamin a participé
à la "Star Academy"
parce qu'il a un don. »
(Alexia Laroche-Joubert)

Difficile pour Endemol, la société productrice de la « Star Academy », de trouver, pour sa quatrième saison, les dix-huit candidats « hors du commun » qui s'affronteront devant des millions de téléspectateurs. Pourtant, *a priori*, le principe de l'émission est simple. Pendant quatre mois, sous l'œil de nombreuses caméras de télévision, dix-huit jeunes gens âgés de dix-sept à vingt-sept ans reçoivent quatre cent cinquante heures de cours à l'issue desquelles ils sont censés devenir de véritables pros de la chanson. Chaque semaine, après leur audition, leurs professeurs, tous des professionnels, évaluent leurs progrès et pointent du doigt les trois moins bons d'entre eux. En fin de semaine, lors du *prime*, l'émission spéciale consacrée à la « Star Academy » sur TF1, tous les élèves font un show et chantent en duo avec des artistes connus. Quant aux trois traînards, ils sont soumis au vote du public qui doit sauver l'un d'eux par téléphone ou SMS. On l'aura compris, la « Star Ac » est un jeu, parfois cruel, qui met en compétition des garçons et des filles souvent prêts à tout pour être le/la meilleur(e). Et les caméras omniprésentes ne sont pas faites pour arranger les choses. Qu'on le veuille ou non, l'émission ressemble par moments aux anciens jeux du cirque…

Pour parvenir à tirer son épingle du jeu, chaque candidat doit être exceptionnel. D'où l'importance de la sélection ! Depuis 2001, date de la première diffusion en France de cette émission de télé-réalité venue tout droit des États-Unis, la société Endemol se charge de la produire. Au début, chaque jeune voulant devenir une star un jour devait envoyer un échantillon de ses prouesses vocales sur une vidéo et attendre d'être invité, ou non, à passer une audition. Le décryptage des bandes constituait pour les producteurs un travail long et fastidieux. Lors des saisons suivantes, ils ont donc eu recours à de simples cassettes, mais également à ce que l'on appelle du « casting sauvage ». Une technique qui consiste, par exemple, à envoyer des représentants de l'émission assister aux grands concours de chants régionaux pour découvrir de nouveaux talents ou à faire passer une annonce auprès des professeurs de chant dans toute la

France pour qu'ils sélectionnent eux-mêmes leurs poulains.

Il faut dire que le jeu en vaut la chandelle. En effet, le succès public des trois premières saisons de la « Star Academy » est immense. Chaque semaine depuis sa création, l'émission est suivie en moyenne par douze millions de téléspectateurs, soit plus de 50 % de parts de marché. Un véritable phénomène de société qui n'est pas sans conséquence puisque, désormais, après avoir voulu être instituteur, policier ou pompier, la plupart des jeunes Français, garçons et filles, veulent devenir chanteur ! Une aubaine pour les professeurs de chant qui ont ouvert des écoles un peu partout dans l'Hexagone ! Bref, plus l'émission dure, plus les candidats en quête de gloire sont nombreux.

Au cours des trois premières saisons, Grégory Lemarchal n'a, bien entendu, rien raté de la « Star Academy ». Chaque semaine devant son écran de télévision, il a rêvé d'être enfermé un jour au château de Dammarie-lès-Lys, lieu où sont regroupés les apprentis chanteurs. « Je me disais que c'était incroyable, la chance qu'avaient les candidats de participer à cette émission, dira-t-il plus tard, mais je ne pensais pas que je pourrais un jour en faire partie à cause de mes problèmes de santé. »

Les problèmes de santé. Voilà ce qui tourmente Grégory quand l'un de ses amis lui conseille de se porter candidat, en cette année 2004. À cause de la mucoviscidose, pour la première fois, le jeune homme ne croit pas en sa chance. Certes, il ne doute pas de ses capacités vocales. Mais comment pourrait-il accepter d'être filmé vingt-quatre heures sur vingt-quatre, comme c'est le cas au château ? Jamais il ne pourra dissimuler ses malaises, ses quintes de toux. Et puis, il y a les exercices de kinésithérapie respiratoire, les massages, les inhalations, bref, tout ce qui constitue son quotidien depuis de longues années. La « Star Ac », c'est pour les bien-portants. Pas pour lui…

Pourtant, après de longues palabres avec son entourage, Grégory Lemarchal finit par changer d'avis. Comment a-t-il trouvé le courage de se lancer dans cette nouvelle bataille ? Que lui ont dit ses parents, ses amis ? Qui, pour finir, l'a décidé ? Cela, personne ne le sait. Ce qui est sûr, c'est que, jouant le tout pour le tout, le jeune homme se fait recommander par son ami auprès du producteur de l'émission, et qu'il passe l'audition.

Alexia Laroche-Joubert, la productrice de la « Star Academy », a vu passer des dizaines de candidats. Certains l'ont émue, parfois aux larmes. D'autres l'ont agacée. D'autres, encore, l'ont enthousiasmée ou ennuyée. Mais, le temps passant, elle a fini par oublier la plupart d'entre eux. Ce n'est pas le cas de Grégory. Son audition restera même à jamais gravée dans sa mémoire. « Nous l'avons rencontré en juillet… c'était assez tard et le processus de sélection était déjà bien avancé. Nous avons tout de suite été séduits par son volontarisme bluffant et son positivisme émouvant. Vocalement, les équipes d'Universal ont été épatées. Sa capacité à monter très haut et à redescendre très bas les a impressionnées… »

Ainsi, le jury est conquis. Mais ni Alexia Laroche-Joubert ni ses collègues ne s'attendent à la suite. D'emblée, le jeune homme qui leur fait face leur explique qu'il est gravement malade : « J'ai été clair : j'ai tout dit de ma vie. Ça ne m'a pas fait peur. Ça passait ou ça cassait. Je n'avais rien à perdre. »

Grégory est alors loin d'imaginer qu'il va tout gagner. Loin d'effrayer l'équipe d'Endemol, la révélation de la maladie dont il souffre va renforcer la décision déjà prise. Ce garçon-là, c'est de la graine de star, même si, quelques années plus tôt, il a échoué au télé-crochet de Laurent Boyer. Il doit absolument faire partie des candidats présents sur le plateau de lancement de la saison 4, prévue à l'antenne le 3 septembre suivant. Reste pour Alexia à vérifier que sa santé le lui permettra : « La seule chose déterminante pour nous était qu'il puisse assurer physiquement. Nous avons rencontré des spécialistes, des responsables d'associations de lutte contre la mucoviscidose et nous avons établi un protocole médical. Son père nous a demandé de lui installer une chambre individuelle pour qu'il puisse mieux se reposer. »

À la fin de l'été, c'est chose faite. Tout est prêt pour accueillir Grégory au château de Dammarie-lès-Lys. Il est convenu qu'il y sera surveillé en permanence par une équipe médicale. Aussi incroyable que cela paraisse, plus rien ne s'oppose à ce qu'il ait une place de choix dans l'émission…

Apprenant la nouvelle, d'autres que Grégory se seraient enthousiasmés, à juste titre. Lui, l'enfant qui peinait à courir, et même à rire trop fort, voilà qu'il va, comme les autres, les valides, les forts, les normaux, comme on dit parfois, participer à l'émission de télévision la plus en vogue ! Mais, si Grégory est heureux et n'en revient pas, il conserve tout de même la tête froide : « Quand j'ai appris que je ferais partie des dix-huit candidats qui devaient entrer au château, je ne me suis pas enflammé. Tout ce que je demandais jusqu'à maintenant, c'est qu'on me donne ma chance. Je savais que le reste ne dépendrait que de moi. »

Paris. Voilà, ça y est. Comme il en avait rêvé, Grégory Lemarchal part pour la capitale. Et, s'il ne brûle pas les planches du Zénith, comme il avait cru pouvoir le faire au moment de la comédie musicale *Adam et Ève*, il n'en a pas moins l'impression de réaliser ses rêves puisque, quelques semaines avant la première émission de la « Star Ac », le voilà aux côtés des candidats retenus par Endemol pour les premières répétitions et le tournage du générique ! Ensuite, une équipe se rendra chez lui, en Savoie, comme chez chacun des candidats, pour réaliser un portrait qui sera diffusé lors du *prime* de lancement. Tout est prêt pour le début de l'aventure.

Et Grégory nourrit secrètement le désir d'aller le plus loin possible dans une compétition qui s'annonce pourtant difficile...

L'AVENTURE « STAR ACADEMY »

« Moi, je l'appelais l'ange.
Il avait ça dans le regard. »
(Gérard Louvin)

« Il n'a jamais cherché à nous apitoyer.
Il ne s'est jamais plaint et n'a
jamais profité des caméras pour faire
pleurer dans les chaumières. »
(Nikos Aliagas)

3 septembre 2004. Il est 20 h 50. La France entière découvre le visage des dix-huit candidats de la quatrième saison de la « Star Academy ». Qui succédera à Jenifer, Nolwenn Leroy et Élodie Frégé, les trois gagnantes des années précédentes ? Au moment où le générique de l'émission est diffusé sur TF1, personne ne connaît encore le visage angélique de Grégory Lemarchal. En coulisses, celui-ci a le trac, un trac d'enfer… Bien sûr, il s'est cent, mille fois préparé

à ce moment. Il expliquera plus tard qu'en arrivant à la « Star Academy » il s'est dit : « Que tu sortes au bout de la deuxième semaine ou trois mois plus tard, le principal c'est que tu sortes sans regrets. Je pars du principe que l'on n'a que ce qu'on mérite. » Il n'empêche. Comme ses camarades, sans doute, Grégory a les jambes qui tremblent et la gorge sèche. Et il se demande si, tout à l'heure, un filet de voix réussira à sortir de sa gorge…

Mais, pour l'heure, on ne lui demande rien, heureusement peut-être. Nikos Aliagas, « Monsieur Loyal » de la « Star Academy » depuis ses débuts, présente le directeur et les professeurs de la promotion 2004. Cette année, c'est le producteur Gérard Louvin qui fera régner l'ordre au château. Les professeurs, quant à eux, restent à peu près les mêmes : Kamel Ouali pour la danse, Oscar Sisto pour le théâtre, Tiburce Darou pour la gymnastique, les répétiteurs Matthieu Gonet et Jasmine Roy. Quant à Isabelle Charles et Milo Lee, ils remplacent respectivement Armande Altaï au cours de chant et Raphaëlle Ricci à l'expression scénique. Comme toujours, l'émission accueille un parrain prestigieux. Cette année, Michel Sardou a accepté de jouer ce rôle. Pour Grégory, c'est une chance incroyable car il sait que sur l'une ou l'autre des émissions hebdomadaires, s'il n'est pas éliminé, il aura la joie de chanter en duo avec lui…

Un jean. Un T-shirt rouge. Une bouille ronde, des yeux noisette, une mèche rebelle soigneusement gominée. La France découvre Grégory Lemarchal, ce jeune homme qui, en l'espace de quelques semaines, va devenir la coqueluche des téléspectateurs. Avant d'écouter sa voix, place au reportage réalisé chez lui. Le voilà en famille, aux côtés de son père, de sa mère, de sa petite sœur. Il fait du VTT, chante au sommet d'un pic de rocaille. Puis, la voix du commentateur annonce, devant ces images pleines de vie et de gaieté, que les parents de Grégory ont appris, vingt mois après sa naissance, qu'il était atteint d'une grave maladie et ne grandirait pas comme les autres enfants. Ensuite, poussant son vélo, Grégory dit très simplement à la caméra : « Je suis né avec quelques soucis de santé. Je souffre d'une maladie qui s'appelle la mucoviscidose, une maladie génétique qui affecte les voix respiratoires. Et, au lieu de la subir, j'ai toujours décidé d'aller de l'avant et jusque-là ça m'a réussi. » Il termine ces mots avec un grand sourire. On le retrouve dans la séquence suivante au siège de l'association Vaincre la mucoviscidose. Son président, Jean Lafond, explique avec force que l'entrée de Grégory à la « Star Academy » est un message d'espoir pour tous ceux qui, comme lui, sont atteints par cette terrible maladie.

À la fin du reportage, les caméras se braquent de nouveau sur le beau visage de Grégory. Mais qui, désormais, pourrait le regarder à l'égal d'un autre candidat ? Ce garçon-là est condamné. Il le sait. Et c'est peut-être sa lutte féroce contre la souffrance et la mort qui rend sa voix claire si vibrante, si émouvante…

Malheureusement pour Grégory et pour la société Endemol, qui a choisi de jouer cartes sur table en révélant le mal dont il souffre, certains considéreront son aveu comme une sorte de mise en scène destinée à faire « monter » l'audience en apitoyant le chaland sur le sort d'un jeune candidat de vingt ans. Dès le lendemain, dans les journaux, la polémique est lancée. Pour les uns, Grégory est un modèle de force et de courage. Pour les autres, il n'est qu'un malheureux, utilisé par une société de production sans scrupules !

Quatre mois plus tard, quand il sortira du château et découvrira les articles qui lui sont consacrés, Grégory sera consterné : « Quand j'ai vu le nombre de couvertures de journaux là-dessus, ça m'a foutu un coup au moral. Moi, je n'ai pas fait ça pour faire pleurer dans les chaumières, je pensais que j'aurais réussi à faire oublier le côté maladie… »

Mais, pour le moment, le jeune homme ignore tout de la controverse provoquée par sa participation à la « Star Ac ». Il découvre, ravi, le fameux château de Dammarie-lès-Lys. Grégory le connaissait pour avoir regardé l'émission pendant trois ans. En fait, regarder n'est pas le terme exact, tant il était vissé devant son écran ! Mais y être soi-même rend les choses très différentes. Le décor *flashy* a un peu changé et l'amuse beaucoup. Et, quand éclate le magnifique feu d'artifice tiré pour leur souhaiter la bienvenue, Grégory, comme tous les candidats, est très ému. Sa chance est inouïe. Le lendemain, les cours débutent. Pendant quatre mois, quatre cent cinquante heures de cours vont leur être dispensées pour tenter d'en faire de véritables artistes. Cette fois, l'aventure a commencé. Elle ne fait plus partie des rêves si longtemps caressés...

Encore faut-il, bien sûr, durer, voire gagner. Pour cela, Grégory est bien décidé à donner le meilleur de lui-même. Dès la première émission, il fait forte impression aux millions de téléspectateurs, mais aussi au directeur, Gérard Louvin. Hasard du sort, celui-ci connaissait le jeune homme, puisqu'il avait été pressenti pour *Belles, belles, belles*, une comédie musicale qu'il avait produite quelques mois plus tôt. « J'ai toujours trouvé sa voix exceptionnelle », dit-il aujourd'hui. « Malheureusement, malgré son talent, nous n'avions pu retenir sa candidature à cause de sa maladie et de la tournée épuisante qu'elle demandait. Mais quand j'ai appris qu'il allait faire la "Star Academy" et que j'ai à nouveau entendu sa voix, j'ai su dès le premier jour qu'il allait gagner. Il avait un tel charisme et une volonté d'enfer ! »

Du charisme. Une volonté de fer. Gérard Louvin a raison sur ces deux points. Pourtant, en ce début de saison, rien n'est joué. Car les dix-sept candidats qui entourent Grégory ont eux aussi une féroce envie de gagner et certains d'entre eux, pour ne pas dire tous, sont très talentueux, eux aussi. Côté filles, il y a, entre autres, Émilie, native du Sri Lanka, Francesca, la vamp qui, après avoir été recalée à la « Star Ac » 2003, retape, comme on dit. Et puis Radia, dont la mère pratique avec virtuosité le violon oriental, Lucie qui, comme Grégory, a participé à « Graines de star », Hoda, la jeune boulangère toulousaine, et la fille du footballeur devenu chanteur Jean-Pierre François, Sandy. Pour les garçons, citons, notamment, celui qui deviendra le « grand frère » de Grégory : Sofiane, repéré dans un Club Med, adepte farouche du culturisme. Mais aussi Morgan, coiffeur venu de Valence, dont l'idole est Elvis Presley, et Sébastien, arrivé au château à la suite d'un pari, comme celui qui, il y a quelques années, a amené Grégory à participer au karaoké du camping d'Argelès-sur-Mer. Un casting à l'apparence aléatoire, mais en réalité soigneusement calculé par la production, qui veut entretenir le suspense afin de donner un spectacle exceptionnel ! Pour cela, tout a été étudié dans les moindres détails. Gérard Louvin, le directeur de la « Star Ac », connaît ainsi chacun des candidats sur le bout des doigts. En homme consciencieux, il a relu les fiches faites par la production et y a ajouté ses propres remarques. Sur Grégory, il a écrit ces phrases à la main :

« Vient pour apprendre, bien plus attiré par les cours que par la notoriété. [...] Ses plus : fidèle, sensible, bon joueur, particulièrement courageux. Ses moins : aucune faiblesse psychique, juste

Grégory avait un charisme assez rare. Dès qu'il a été en contact avec le public à la télévision, il s'est passé quelque chose.

Pascal Nègre

Le 4 décembre 2004. L'équide de la « **Star Academy 4** » chante sur le plateau de l'élection de Miss France 2005. *De gauche à droite :* Lucie, Mathieu, Sofiane *(de dos)*, John, Hoda, Grégory, Sandy et Radia.

GRE

Puis Grégory se lance dans un duo avec Sofiane, son meilleur ami dans l'émission, celui qu'il appelait son « frère de la "Star Ac" ».

Tous les Académyciens de la tournée « Star Ac 4 » à Cannes, lors des **NRJ Music Awards 2005.** *De gauche à droite :* Radia, Sandy, Sofiane, Lucie, Hoda, Grégory, John, Mathieu et Harlem *(en bas).*

Un an plus tard, Grégory revient avec son père au Palais des festivals pour la remise des **NRJ Music Awards 2006.**

Retenant ses larmes, il reçoit **le prix de la révélation francophone de l'année,** le 21 janvier, pour son single *Écris l'histoire.*

En 2006, Grégory monte sur scène pour sa **première tournée solo.** Le 23 mai, au théâtre de Beaulieu, à Lausanne, les fans sont au rendez-vous.

Le 10 juillet 2006, Grégory participe au gala de charité organisé par la princesse Stéphanie et son **association de lutte contre le sida.**

Quelques jours plus tard (le 16 juillet), il s'engage également pour soutenir les enfants malades. Ici, au côté de David Douillet, à un tournoi de *beach soccer* au profit de l'association de Pascal Olmeta **Un sourire, une vie**, à Biguglia (Haute-Corse).

Grégory est emporté par la maladie le 30 avril 2007. Ses obsèques ont lieu le 3 mai à Notre-Dame de Chambéry. Au pied du mur séculaire, nombreux sont les bouquets de roses et de lys blancs, ses fleurs préférées, et les témoignages d'affection.

Un jeune homme porte un T-shirt **« Just Grégory »**, acheté pour l'occasion…

Les fans se massent autour de la cathédrale. Pascal Nègre et Nolwenn Leroy figurent parmi les premiers à pénétrer dans l'édifice pour rendre hommage à Grégory.

Je l'appelais **l'ange**.
Il avait ça dans le regard.
Gérard Louvin

quelques limites physiques, besoin d'assouplissements / cours de danse et de sport. »

Un élève exemplaire, heureux d'être là, soucieux de bien faire et, surtout, un élève comme tous les autres. Voilà ce qu'est Grégory pour des millions de téléspectateurs, dès le début de l'émission. Ceux-ci ne perdent pas une miette de ce qui se passe à l'intérieur du château, grâce aux résumés quotidiens diffusés par TF1. Ils peuvent ainsi suivre, quasiment en direct, certaines des facéties du jeune homme. Et, le moins que l'on puisse dire, c'est que celui-ci ne manque pas d'humour, même si, on nous pardonnera de l'écrire, cet humour est parfois un peu douteux. Son jeu préféré est en effet « Chat bite » ! Un jeu qui consiste, entre garçons, faut-il le préciser, à attraper le sexe de l'autre par surprise. Fou rire garanti parmi les élèves, mais qui gêne un tantinet la production ! Vulgaire, vous avez dit vulgaire ? Mieux vaut parler alors des innombrables batailles de yaourt et de ketchup dont Grégory est presque toujours l'instigateur et dont la cible préférée est son répétiteur, Matthieu Gonet. « Je peux dire qu'il était le plus déconneur, le plus meneur de tous les candidats, se souvient Gérard Louvin. Parfois, on le retrouvait dehors torse nu, alors on l'engueulait comme on l'aurait fait pour les autres, pas à cause de sa maladie. Il n'en parlait jamais et savait nous faire oublier qu'il était malade. »

Effectivement, aussi invraisemblable que cela puisse paraître, Grégory Lemarchal parvient à faire oublier qu'il est atteint de mucoviscidose ! Bien sûr, pour se protéger de la poussière et des microbes, il dort loin des autres candidats et évite autant que possible les endroits où il pourrait inhaler de la fumée de cigarette. Un kinésithérapeute est présent, vingt-quatre heures sur vingt-quatre, pour lui prodiguer les soins quotidiens qui lui sont nécessaires et intervenir, si besoin, lors d'une crise. Tous les quinze jours, il se rend à l'hôpital pour vider complètement ses bronches du mucus qui les encombre. Mais aucun des résumés filmés et diffusés par TF1 ne le montre en train de se livrer à l'une ou l'autre de ces douloureuses activités. Personne ne sait, non plus, qu'il ne se rend pas toujours au cours de gymnastique ou de danse. Pour tous, Grégory est un élève comme les autres, studieux, positif et taquin. Un battant ambitieux qui contamine les autres candidats par sa joie de vivre et sa détermination à progresser. « Il faut bien comprendre que ma maladie est une force supplémentaire, pas un handicap. Je n'ai jamais fait pitié à qui que ce soit. C'est aussi une grande victoire. Mes parents m'ont toujours laissé libre de faire ce que je voulais. En sport notamment. En ce moment j'ai l'impression de n'avoir jamais été aussi en forme. J'ai retrouvé la pêche que j'avais quand j'étais gosse », disait-il. Grégory va d'ailleurs tellement bien qu'il est parfois rappelé à l'ordre par la production, comme le rappelle Alexia Laroche-Joubert : « Je le surveillais la nuit sur la chaîne continue et je l'appelais pour qu'il aille se coucher ! Tous les vendredis soir après les *prime time*, Grégory dormait à l'hôtel pour mieux récupérer [...] » Ce à quoi Nikos Aliagas ajoute dans la presse : « Il arrivait que Grégory tousse avant de chanter, mais il n'en a pas profité. Sans jouer au gentil garçon, il a déployé une tonne d'énergie. Tout au long de ces quatre mois, nous avons montré que Grégory était un candidat comme les autres, alors qu'il n'était pas comme les autres. »

Le corps de Grégory semble, en effet, avoir compris ce que lui dicte son mental : l'urgence, ce n'est pas de s'économiser mais de devenir chanteur ! Lui qui tousse parfois comme un perdu, après les cours, lui qui a parfois tant de mal à respirer la nuit n'aime pas baisser les bras devant la difficulté. Mieux encore : oubliant ses souffrances, il est à l'écoute de tous les autres et sait même parfois les empêcher de sombrer. Un meneur qui en quelques semaines devient le chouchou du public français, qui le voit déjà arriver en finale, mais aussi de ses professeurs. « Bien sûr il avait la voix, le talent, mais le plus frappant chez lui c'était l'implication. Il était toujours à 150 %, un gros bosseur », dira Jasmine Roy. En un mot comme en dix : à la « Star Academy », Grégory renaît, de son propre aveu. Gérard Louvin se souvient avoir été touché par ses propos au confessionnal – l'endroit où, seuls devant la caméra, les candidats viennent raconter leurs bonheurs, leurs chagrins, se défaire de leurs angoisses ou de leur tristesse : « Greg a eu cette phrase terrible : “La ‘Star Ac’ a ranimé la flamme qui était éteinte en moi." » Un changement que tous ceux, parmi ses proches, qui l'ont vu désespéré après l'échec de la comédie musicale *Adam et Ève*, ont remarqué. Laurence, sa mère, confie même son émotion à la presse : « Je n'avais jamais vu mon fils aussi heureux. Il est en harmonie désormais. Les paillettes, la "Star Ac", je m'en moque. Nous n'aurions jamais pu lui payer les cours qu'il reçoit. Le bonheur de le voir heureux passe au-dessus de tout. Je ne sais pas expliquer sa force intérieure. Il avance sans se poser de questions, vit au jour le jour, prend ce qu'il y a à prendre. »

Et, surtout, pas à pas, de show en show, chanson après chanson et de répétition en répétition, il se rapproche de la finale…

Le chouchou des Français

« C'est un des artistes
les plus authentiques
que j'ai vus en quatre ans. »
(Matthieu Gonet)

« Depuis Daniel Balavoine
on n'avait pas eu une voix comme ça,
une voix qui monte aussi haut. »
(Pascal Nègre)

Lennie. Gauthier. Émilie. Karima. Une semaine après l'autre, les candidats quittent le château. Pour ceux qui restent, c'est à la fois un déchirement et un regain d'espoir. Car, les nommés ont beau être leurs camarades, ils savent bien sûr que c'est au prix de leur départ qu'eux ont une chance de gagner… Durant ce premier mois au château de Dammarie-lès-Lys, les caractères se sont affirmés, les voix se sont posées, les garçons et les filles se sont mesurés entre eux. Quelques incidents ont émaillé le parcours, notamment une nuit d'ivresse, lors de l'anniversaire d'Émilie. Ce soir-là, Grégory a lui aussi bu un peu trop de champagne, ce qui, compte tenu de son mal, lui a encore moins réussi qu'aux autres. Fait encore unique, le jeune homme a dû se faire tout petit devant les reproches qui lui ont été faits. Il s'est juré qu'on ne l'y reprendrait plus, et il tiendra son serment. Pour faire oublier l'incident, il a travaillé de plus belle et s'est lancé dans une interprétation de « Choopeta » qui a fait l'unanimité, avant de chanter, en duo avec Lucie, l'autre favorite, « Les Moulins de mon cœur ». Une fois de plus, ce frêle garçon d'à peine soixante kilos pour 1,77 mètre, malmené par le sort, a provoqué une émotion incroyable chez tous ceux qui le regardent et l'écoutent chaque semaine. Grégory peut faire ce qu'il veut : boire un peu trop, jouer les foufous, se battre à coups de serpillière avec son meilleur ami Sofiane... Dès qu'il se met à chanter, tout est oublié. Sa voix prodigieuse donne la chair de poule et fait monter les larmes aux yeux...

Mais, en bons professionnels, aucun des juges, et surtout pas Gérard Louvin, ne laissent transparaître leur émotion. Quant à Grégory, il est bien loin d'imaginer combien il les bouleverse à chacune de ses prestations. Parfois, le jeune homme doute un peu de lui, même s'il reste persuadé qu'il a de la chance d'avoir un public qui l'aime et le soutient. C'est à ce public, justement, qu'il s'adresse chaque fois qu'il se trouve au confessionnal du château. Face à la caméra, des sanglots dans la voix, il répète encore et encore que « s'il n'arrive pas à se rendre compte qu'il peut apporter de la force aux gens [...] ça lui donne encore plus envie de se battre ».

Se battre. C'est, on l'aura compris, ce que Grégory sait faire de mieux depuis toujours. Parfois éreinté, il parvient chaque fois à reprendre le dessus et à dissimuler les larmes de fatigue qui perlent aux yeux. Après les avoir essuyées d'un geste discret, il s'empare d'un micro, s'échauffe la voix, s'entraîne, se surpasse, s'efforce d'oublier ses doutes. Depuis cinq ans, Grégory travaille inlassablement, avec son père et des professeurs tels que Richard Cross, une voix capable de moduler sur quatre octaves. Il n'empêche. Pendant les cours de chant, c'est lui, parmi tous les candidats, le plus concentré sur sa performance vocale. Il fait attention à son souffle. Rien ne peut le distraire. Il veut aller plus haut encore dans les aigus, tenir la note chaque fois plus longtemps.

« Dès le début du jeu, il avait la voix la plus mûre et le niveau le plus avancé. Il était ténor. Il fallait encore du travail, bien sûr, mais sa voix était un don », analyse Isabelle Charles, son professeur de chant dans l'émission. Pourtant, bien que doué et travailleur, Grégory n'est pas sûr de lui. Il ne se passe pas une journée sans qu'il se demande jusqu'où il va pouvoir aller dans la compétition.

Il doit bien admettre qu'au fil du temps le stress et la fatigue se font de plus en plus intenses. Gérard Louvin, directeur rigoureux, ne laisse passer aucune faute. Il sermonne Francesca qui, selon lui, n'a pas assez de méthode. Il lance à Morgan qu'il lui faut progresser un peu plus vite. Il râle contre Tina, Radia, Mathieu, qu'il ne juge pas assez appliqués… Grégory, lui, passe la plupart du temps entre les gouttes. Mais il doit parfois, lui aussi, subir quelques remontrances. Le petit prince, comme on le surnomme désormais dans la presse, se fait tancer par Isabelle Charles, qui lui demande de ne pas « rester sur ses lauriers ». Grégory ne se le fait pas dire deux fois. Et, tout à son travail, il regrette presque de devoir se rendre à Cannes, où les Academyciens donnent un concert à l'occasion du Mip TV, le salon international de la télévision… Une fois sur place, pourtant, Grégory apprécie le déjeuner à l'hôtel 3.14, l'un des plus sélects de Cannes, mais surtout les promenades sur la plage où, se joignant aux autres, il jette Sofiane à l'eau, ainsi que la soirée de rêve au Palm Beach. Une belle étape, mais surtout la première sortie officielle du château, donc pour Grégory la toute première rencontre avec ses fans ! La foule est massée derrière une barrière en métal, les candidats sont protégés par des gardes du corps : pour Grégory Lemarchal, cette confrontation avec ceux qui l'adulent depuis le début de l'émission est une révélation, une surprise ! Jamais, même dans ses rêves les plus fous, il n'avait imaginé devenir une « star », à peine un mois après le début de l'aventure. Les jeunes femmes crient son prénom, certaines pleurent de le voir enfin pour de vrai ! Irréel. Les yeux écarquillés, les candidats signent à Cannes leurs premiers autographes. Le voyage terminé, Grégory retourne au château avec un immense sentiment de vertige.

Mais il sait maintenant qu'il ne doit pas décevoir toutes ces personnes qu'il vient de rencontrer. D'autant qu'on lui assure qu'elles sont de plus en plus nombreuses en France à le soutenir et à l'aimer. Alors, lorsqu'il répète avec Matthieu Gonet au piano, le jeune homme va chercher au plus profond de lui la performance et l'émotion. Il se dit qu'il doit aller toujours plus loin car, ne l'oublions pas, la « Star Ac » n'est pas seulement pour lui un jeu télévisé, mais aussi et surtout l'occasion unique de devenir un vrai chanteur...

Évidemment, ses efforts constants payent. Dehors, le public de l'émission, déjà conquis par son talent, ne jure que par lui. Dans la presse, pas une semaine ne passe sans que soit publié un article sur « le chanteur à la voix d'ange ». Les téléspectateurs, interrogés dans la rue par les journalistes, sont persuadés qu'il va gagner cette quatrième édition de la « Star Academy ». Si Grégory savait tout cela, peut-être qu'il serait moins angoissé. Or, depuis le voyage à Cannes, pas plus que ses autres camarades, il n'a de contact avec l'extérieur, hormis les quelques minutes d'appel téléphonique hebdomadaire à sa famille, autorisées par le règlement du jeu.

« Maman, ça va ?

— Oui, et toi ? Comment tu te sens ?

— Très bien !

— Tu as l'air fatigué.

— Non, ça va. Tu as vu le *prime*?

— Oui, tu étais formidable, tu as encore progressé, les gens t'adorent... »

Voilà. C'est déjà fini. Il faut raccrocher, se contenter de ces conversations trop courtes au cours desquelles les parents de Grégory et sa petite sœur Leslie lui répètent combien ils sont fiers de lui et de ses progrès. Ils s'inquiètent beaucoup, dehors, si loin de lui. Mais, chaque fois qu'ils tentent, aussi discrètement que possible, de s'informer de sa santé, ils n'ont droit qu'à une seule réponse : « Je vais très bien. » Grégory, en ce moment, se contrefiche de la mucoviscidose qui continue pourtant de lui ronger les poumons. Son unique souci est d'avoir l'avis éclairé de ses parents, de son père en particulier, sur ses prestations. Il n'oublie pas que Pierre Lemarchal a toujours été là, admiratif, mais toujours impartial. Il attend avec impatience ses commentaires. Et puis, surtout, Grégory sait que ses conversations téléphoniques, si brèves soient-elles, sont filmées et retransmises en direct vingt-quatre heures sur vingt-quatre sur la chaîne TPS dédiée à la « Star Academy ». Pas question pour lui d'évoquer la mucoviscidose devant tout le monde ! Comme il l'a toujours fait tout au long de sa vie, il refuse d'être perçu comme le pauvre petit malade. Cette fois, plus encore que par le passé, il est déterminant pour lui de ne pas apparaître diminué. Grégory n'oublie jamais qu'il a lui-même, au cours des trois années précédentes, rêvé devant les aventures et les progrès des candidats de la « Star Ac ». Il sait l'impact qu'une mauvaise image peut avoir sur la décision du public au moment des votes. Chaque semaine, malgré son travail, il peut être nominé par ses professeurs lors des évaluations qui ont lieu le mercredi. Il fait donc extrêmement attention à son image. Après tout, avec ses amis en Savoie, il ne parle jamais de la mucoviscidose. Il n'y a donc aucune raison pour qu'il le fasse dans une émission télévisée ! Même avec Mathieu, Sofiane et Lucie, des candidats de la promotion devenus ses amis et avec lesquels il partage des fous rires, mais aussi les angoisses et la fatigue de la compétition, Grégory se tait, du moins la plupart du temps : « Je me souviens de notre seule grande discussion, loin des caméras du château, dans cette chambre où il dormait, dira Mathieu plus tard. Nous avons passé une bonne demi-heure à discuter des vraies choses. C'est la seule fois où j'ai parlé de mucoviscidose avec lui. Le reste du temps, il n'en parlait pas. »

Des cours, très nombreux. Des répétitions. Des textes à apprendre par cœur, dont il faut, ensuite, travailler l'interprétation, et qu'il faut chanter avec émotion tout en exécutant avec grâce la chorégraphie imaginée par Kamel Ouali. Des évaluations, le mercredi. L'émission, le vendredi. Un stress de tous les instants. Voilà ce qui fait le quotidien des concurrents de la « Star Ac ». Un quotidien éreintant, à raison d'une ou deux interprétations par candidat, auxquelles s'ajoutent de nombreux duos avec les artistes invités chaque vendredi soir : personne n'a vraiment le temps de s'ennuyer, ni de se reposer. Plus encore que les autres, Grégory est fatigué. Dans la journée, il lui arrive d'être essoufflé, d'avoir des quintes de toux et d'être obligé d'aller se reposer dans sa chambre à l'abri des caméras. Parfois même, le kinésithérapeute affecté au château par la production doit intervenir pour le soulager. Pour le jeune garçon, chaque accès de faiblesse est un moment terrible au cours duquel il se demande s'il va tenir la cadence. Nikos Aliagas a vu le combat quotidien que Grégory a livré contre la maladie : « Sa chanson préférée était celle de Jean-Jacques Goldman qui dit “J'irai au bout de mes rêves, tout au bout de mes rêves, où la raison s'achève”. Parfois il allait trop loin, on était obligé de le calmer. Il a cassé sa voix, s'est dépensé physiquement sans compter, alors que justement il était obligé de compter ses efforts. »

Mais pas question pour Grégory de compter ses efforts, justement. Il veut gagner et s'en donne les moyens coûte que coûte : « [...] Le but c'est d'être sur scène. J'ai beaucoup de choses à donner aux gens. Je trouverais dommage de rester chez moi et de ne pas faire partager tout ce que j'ai au fond de moi. » Voilà peut-être ce qui plaît tant au public. Avec son sourire désarmant, sa gaieté, sa jeunesse et son professionnalisme, Grégory Lemarchal est un mélange de fragilité et de fraîcheur, tout autant que de hargne et de détermination. Une alchimie qui se révèle particulièrement flagrante sur l'un des premiers *prime* de la « Star Academy »...

Depuis le début de la compétition, Grégory a déjà chanté plusieurs fois en public. Il a ainsi interprété « L'important c'est d'aimer », en présence de Sylvie Vartan, ou « Tant pis », qui lui a valu les félicitations de Gérard Louvin. Celui-ci lui a même lancé à cette occasion : « T'es énervant, tu as déjà vingt ans de métier, tu frises la perfection. » Pendant qu'il interprétait « Mon frère », extrait des *Dix Commandements*, en duo avec Sofiane, Grégory a senti l'émotion gagner le public. Et c'est en costume de gladiateur, poignets de force montant haut sur les avant-bras, qu'il a chanté « Va dire à Rome » avec les artistes de *Gladiateur*, un grand moment ! Pourtant, alors que le *prime* suivant approche, il est à la fois impatient et paralysé par le trac. Et pour cause ! Il doit en effet relever un défi en interprétant la chanson de Michel Berger et Luc Plamondon, « SOS d'un terrien en détresse », chantée par Daniel Balavoine, son idole, dans la comédie *Starmania*... À dire vrai, pour en fredonner les mots depuis plusieurs années, Grégory la connaît sur le bout des doigts. Mais il se demande si, devant les quelque dix millions de téléspectateurs présents devant leur poste, il saura y apporter sa patte, ce petit quelque chose de nouveau, si important aux yeux d'un jury de plus en plus sévère...

> *« Pourquoi je vis,*
> *Pourquoi je meurs,*
> *Pourquoi je ris,*
> *Pourquoi je pleure ? »*

Ça y est, le fameux *prime* a commencé. Son micro devant les lèvres, Grégory, mèche rebelle crânement rejetée en arrière, entonne les premières notes de « SOS... ». Durant les journées qui ont précédé ce moment, il l'a travaillée avec acharnement. Et il l'a dit et répété aux autres : « Pas question de se planter sur une chanson pareille. » Mais, sur les gradins où les candidats assistent à l'émission, Sofiane, Mathieu et Lucie, qui se tiennent la main, sont inquiets. Cet après-midi, leur copain a beaucoup toussé. À certains moments, il leur a paru avoir du mal à respirer. Va-t-il y arriver, une fois de plus ?

> *« J'ai jamais eu les pieds sur terre*
> *J'aim'rais mieux être un oiseau*
> *J'suis mal dans ma peau... »*

Sofiane, Mathieu et Lucie ont tort de s'inquiéter. Car, oubliant ses poumons malades et la douleur qui, parfois, lui déchire la poitrine, Grégory chante. Et la magie opère. Impossible de ne pas faire le lien entre les paroles de cette chanson et la souffrance du jeune homme. On la dirait écrite pour lui. En régie, Nikos, le réalisateur et les techniciens sont en larmes. Au sein du jury, Gérard Louvin se souvient avoir été particulièrement ému. La voix d'ange de Grégory monte si haut, si haut… et son visage exprime si bien l'inquiétude et la douleur, sans forcer, qu'il fait de cet instant magique, pour tous ceux qui l'ont vu, l'un des plus mémorables de la saison 4. « Il s'est passé quelque chose ce soir-là, dira simplement Grégory quelques mois plus tard. Bien sûr, ce sont des paroles que je ressens, mais moi je ne sais pas faire autrement. »

Petit break en famille

« Quand je suis rentré chez moi [...] je dois avouer que je n'étais pas mécontent de repartir ensuite au château. Quand on découvre ce qui se passe, on s'en prend plein la tronche... Même dans ma propre maison j'avais perdu tous mes repères ! »
(Grégory – *France-Soir*, 22 décembre 2004)

Dimanche 19 décembre. Grégory Lemarchal quitte le château de Dammarie-lès-Lys. Les deux finalistes sont en effet autorisés à faire un petit break en famille, doublé, pour Grégory, d'un mini-concert en Savoie. Parti à l'aube, le jeune homme savoure sa joie. Il est tellement heureux qu'il sent à peine le froid mordant qui pique ses joues et ses lèvres. Et si, à son arrivée dans son village natal de Sonnaz, il est accueilli par cette angoissante lumière grise qui recouvre la montagne les jours de mauvais temps, il n'en a cure. Cette journée, celle des retrouvailles, va, il en est sûr, être exceptionnelle ! Malgré la fatigue de la dernière émission qui a eu lieu deux jours auparavant, Grégory compte profiter au maximum de ce retour aux sources. Pour commencer, il va s'offrir un petit tour à la ferme familiale pour embrasser sa famille réunie pour l'occasion…

En voiture avec ses parents, Grégory sourit au calme de son village de montagne. Un répit de courte durée car, à peine est-il arrivé devant chez lui que les habitants de Sonnaz, jeunes ou moins jeunes, se précipitent pour le féliciter ou lui demander un autographe. Étrange sensation que d'être adulé par ceux qu'on a toujours connus. Comment réagir ? « Ça ne durera pas, se dit-il, c'est l'effet de l'émission, c'est normal. » À la maison, Simone et Roland, ses grands-parents, l'attendent pour l'embrasser. Ils sont tellement fiers de lui ! Pourtant, malgré ces effusions, Grégory ne peut se départir d'un sentiment de malaise. Une sensation dont il ne connaît pas la raison, mais qui ne fait qu'augmenter lorsque, fièrement, sa petite sœur de seize ans, Leslie, lui montre sa chambre. La pièce au décor enfantin qu'il a connue a été complètement redécorée. À la grande surprise de Grégory, les murs de la chambre de sa sœur sont recouverts des posters à son effigie parus dans la presse. En Savoie, on dit même qu'elle est sa première fan ! Tant bien que mal, le jeune homme cache son trouble. Au foyer, serait-il aussi devenu Grégory de la « Star Ac » ?

Pour ne pas décevoir sa sœur, il réprime alors son envie de crier « Oh, eh ! C'est moi, Greg, je suis toujours le même ! ». Et il accepte de feuilleter le dossier de presse complet que, depuis le début de l'émission, toute sa famille tient à jour…

En le parcourant, Grégory sent sa joie retomber brutalement. Au château, rappelons-le, les candidats n'ont pas le droit de lire les journaux, d'écouter la radio ou de regarder la télévision. Comme tous les autres, Grégory a vécu coupé du monde. À présent, il découvre, consterné, l'impact qu'a eu sur le public la révélation de sa maladie. Sa fierté et son assurance s'envolent au fur et à mesure qu'il lit certains articles. Ainsi, voilà comment on le traite, lui qui n'avait, en se lançant dans cette aventure, qu'une ambition : être un concurrent comme les autres ! C'est à croire que… les gens n'ont voté pour lui que parce qu'il est malade ! D'ailleurs, c'est même ce que prétendent certains journalistes… Au moment de passer à table, Grégory est très affecté. Pourtant, il n'a que le temps de déjeuner dans la cuisine boisée de son enfance, avant de repartir pour Chambéry. Cet après-midi, il doit chanter devant ses fans de Savoie, qui votent pour lui depuis le début de l'émission. Maintenant qu'il a lu le dossier de presse, Grégory se demande s'ils sont là par pitié, ou pour son talent. Mais, avant d'entrer en scène, il s'efforce de chasser ses idées noires. Cette journée n'est pas seulement un retour aux sources. C'est aussi une sorte de tournée électorale. Il faut absolument que tous les

Savoyards votent pour lui au soir de la finale prévue dans quelques jours…

« Grégory on t'aime. » Voilà les mots inscrits sur les dizaines de pancartes que brandissent les mille cinq cents fans réunis pour entendre chanter Grégory Lemarchal. À peine arrivé sur le lieu de son concert, il est littéralement assailli de demandes d'autographes ! On se presse autour de lui, on l'embrasse, on le félicite… Devant ces manifestations d'amour et de sympathie, Grégory est un peu rassuré. Quand, enfin, il monte sur scène, il est prêt de nouveau à donner le meilleur de lui-même en chantant le mythique « Hymne à la vie ». Dès les premières notes, le public est conquis. Mais, en coulisses, Laurence Lemarchal, elle, est plus inquiète. Quand elle l'a retrouvé, ce matin, son fils avait l'air tellement fatigué ! Il toussait, semblait avoir du mal à respirer. Comment va-t-il pouvoir supporter la vie de fou qu'il mène depuis le début de l'émission ? Et puis, il est encore si jeune. Comment va-t-il gérer son succès ? Ne va-t-il pas être déstabilisé ? Tout à l'heure, à la ferme, en lisant son dossier de presse, il avait les larmes aux yeux. Ont-ils bien fait de lui montrer ces articles ? Sans rater une seconde du spectacle qu'est en train d'offrir Grégory, Laurence prend fébrilement la main de son mari et se blottit contre son épaule. Puis, l'instant d'après, tous ses doutes s'envolent. Car, une fois encore, la magie de la scène opère. Grégory n'est plus le même jeune homme aux traits fatigués descendu du train ce matin. Devant son public, elle découvre un véritable professionnel, étonnant, envoûtant. Si elle n'était pas sa mère, elle aussi pourrait oublier ses problèmes de santé pour ne voir en lui qu'un artiste. Son fils est heureux, il vit son rêve et mord la vie à pleines dents. Que demander de plus ?

« Leslie ? Viens, Leslie ! »

Là-bas, sur la scène, Grégory, lui aussi, pense aux siens. À sa mère, bien sûr. Mais aussi à sa petite sœur, qu'il fait monter près de lui. Ils vont chanter ensemble, en duo, pour qu'elle aussi montre combien sa voix est belle. Sous un tonnerre d'applaudissements, Leslie le rejoint, s'empare d'un micro. Timide, les joues rosies d'émotion, elle se lance pourtant dans l'aventure. Puis vient le tour de Pierre Lemarchal, le complice de toujours de Grégory. Comme pour rappeler les années de travail acharné avant d'entrer à la « Star Ac », pour rendre hommage aussi à celui qui a décelé son talent et croit en lui depuis le début, Grégory lui demande de chanter avec lui devant ce parterre qui l'adule. Un moment magique pour les deux hommes qui, malheureusement, doit se terminer. Après une petite heure de spectacle, Grégory a juste le temps de signer de nombreux autographes à sa descente de scène avant de partir pour la gare où son train pour Paris est prévu à 18 heures. Les fans sont un peu déçus de le voir quitter Chambéry si vite. Mais qu'importe. Tous, c'est sûr, le retrouveront mercredi prochain à la télé, et voteront pour lui…

Tiffany, Laetitia, Nathy et les autres...

20 décembre. Cette fois, l'hiver est bien présent. Depuis quelques jours, le parc du château est recouvert d'un manteau blanc et il fait un froid polaire. Qu'importe ! Pour les Academyciens comme pour la production de la « Star Ac », c'est le branle-bas de combat. Car l'heure tant attendue de la finale, prévue pour le 22 décembre – un mercredi, exceptionnellement, en raison des fêtes de Noël –, approche... Non seulement Lucie, Grégory, les deux finalistes élus par le public, et les autres doivent s'y préparer, mais ils doivent aussi assurer la promo de ce dernier show, comme on dit dans le métier. Jusque-là, mis à part quelques concerts privés pour promouvoir « Laissez-moi danser », la chanson de la « Star Ac » 2004, les sorties ont été rares, en dehors des dédicaces. À présent, les émissions de radio, les séances photo et les interviews données à la presse se succèdent à un rythme étourdissant.

Un vrai changement, après les mois d'isolement et de travail passés au château de Dammarie-lès-Lys ! Ce qui va changer aussi, pour les candidats, c'est qu'ils vont être directement en contact avec leurs fans. En quatre mois, ils s'en sont fait, sans même le chercher, des milliers. Garçons ou filles, jeunes ou vieux, ils sont tous à bloc durant cette dernière semaine de l'avent. Parmi eux, la jeune Tiffany, quatorze ans, téléspectatrice assidue et admiratrice de la première heure. Après plus de quatre mois de suspense, l'adolescente en est sûre : la finale tant attendue opposera Lucie à Grégory, son candidat préféré. Et elle qui habite la région parisienne ne veut pour rien au monde rater la rencontre exceptionnelle organisée par le journal *France-Soir* entre les deux candidats et leurs admirateurs...

Le rendez-vous est fixé le lendemain, 21 décembre, veille de la finale télévisée. Une aubaine, puisque ce sont les vacances scolaires ! Tiffany, qui désire plus que tout au monde parler à sa nouvelle idole, harcèle sa mère depuis presque une semaine pour qu'elle l'accompagne à Paris. Pour finir, elle obtient gain de cause – un cadeau de Noël avant l'heure, en quelque sorte. Mieux encore, le jour J, à 10 heures du matin, elle arrive la première avec sa maman devant le siège de *France-Soir* ! À leurs côtés, dans l'air glacial, Laetitia et Nathy, deux ados à peine plus âgées que Tiffany. Des fans, elles aussi, qui ne ratent aucune des rares sorties des candidats. Petit à petit, d'autres les rejoignent, principalement des jeunes filles chaperonnées par leurs parents. Toutes avouent être venues pour Grégory ! Pendant qu'elles bavardent, excitées comme des puces, la mère de Tiffany râle. « Tout cela est un peu excessif, je dois accompagner ma fille partout pour suivre la "Star Ac". Avec mon mari nous ne pouvons même plus inviter des amis le vendredi soir à cause du *prime* ! » Un peu plus loin, Jean-Luc, quarante-neuf ans, avocat, déplore « les factures téléphoniques incroyables » depuis que sa fille vote pour son idole chaque semaine. Pourtant, malgré le froid et les heures d'attente, tout le monde tient bon. Les fans les plus dégourdies se sont même réparti les endroits stratégiques : ascenseurs, portes, fenêtres. Partout elles guettent le moment tant attendu : « C'est un rêve qui se réalise », confie Garance, quinze ans, à une autre adolescente qui lui répond : « Ça fait cinq jours que je ne dors plus. » Pendant ce temps, Laetitia et Nathy racontent à Tiffany comment elles se sont rencontrées en faisant le siège des studios de la Plaine Saint-Denis chaque vendredi soir : « Moi, j'habite en province mais dès que je termine les cours je prends le train et je vais dormir chez Nathy pour être plus près de Greg ! À nous deux on remplit trois classeurs de photos et d'articles sur lui. On en a presque cinq cents », disent-elles, tout excitées. « On le suit partout et on a déjà des places pour la tournée prévue à Bruxelles le 13 mai prochain. Ce sera le jour de son anniversaire », ajoutent les deux groupies devant Tiffany et sa maman, ébahies...

Un murmure. Des bruits de pas. Des portes qui claquent. Une voiture se gare près du trottoir. À l'intérieur, Lucie. « Elle est plus belle en vrai qu'à la télé ! », s'exclame une jeune fille qui voit la candidate pour la première fois. Le cri est relayé, commenté, se fond dans un nouveau brouhaha. Car, après que Lucie est entrée dans le bâtiment abritant la rédaction de *France-Soir*, c'est au tour des fans d'y pénétrer, l'une après l'autre. C'est un défilé silencieux, ému, de très jeunes filles aux yeux brillants qui arrivent enfin dans la salle où d'ordinaire les journalistes se réunissent – un endroit trop petit pour la foule qui s'y presse. Il n'y a pas assez de chaises, on se bouscule un peu, puis Lucie arrive et un grand nombre d'adolescentes se dirigent vers elle pour lui demander des autographes. Comme elles le confieront plus tard, être si près de la jeune finaliste leur paraît tellement bizarre ! Lucie est à la fois celle qu'elles connaissent, pour l'avoir si souvent regardée à la télévision, et une autre, aux cheveux plus brillants, aux yeux plus grands, au sourire plus timide…

Midi passé. Dans la salle, quelques garçons ont rejoint les admiratrices. Grégory, lui, n'est pas encore arrivé. Peu importe. Il va venir, et tous pourront lui poser les questions qu'ils ont préparées… L'une de ses fans, plus hardie que les autres, a même prévu de lui offrir un T-shirt de l'OM ! Terriblement impatiente, elle ne cesse de regarder sa montre. Mais les minutes passent, l'une après l'autre, et Grégory n'arrive toujours pas. Il est à présent 13 heures. 13 h 15. 13 h 20.

Tout à leur attente, les fans en oublient d'avoir faim. Ils craignent seulement, de plus en plus, que leur champion ne leur ait posé un lapin... « Impossible, murmure Tiffany, dont la mère, excédée, fait mine de partir. Attends encore un peu, maman. Il va arriver, c'est sûr... »

À 13 h 30, enfin, Grégory arrive ! Et c'est une mini-émeute. Les fans se lèvent et font crépiter leurs flashes. Ils s'approchent, entourent le jeune chanteur qui semble heureux, décontracté mais fatigué par ces quatre mois de dure compétition. Pour parer à tout incident, un attaché de presse s'interpose, s'efforce de canaliser la fougue des jeunes filles. Banales ou indiscrètes, les questions fusent de partout : « Comment vas-tu ? », « Tu crois que tu vas gagner demain soir ? », « Est-ce que tu vas pouvoir participer à la tournée des Star Academyciens cet été ? », « Tu as une petite amie qui t'attend à la sortie de l'émission ? », etc. Gentiment, Grégory répond à chacune d'elles, même s'il est surpris par l'exaltation de ces jeunes gens âgés de neuf à vingt-neuf ans qui semblent si bien le connaître. Face à eux, il est content mais un peu gêné tout de même. Car il n'oublie pas que certains journalistes ont consacré de longs articles à sa maladie. Quelle influence cela a-t-il eue sur tous ces fans présents aujourd'hui ? Le voient-ils comme un chanteur ou comme un malade ? Leur inspire-t-il de l'admiration ou de la pitié ? Mais Grégory n'a pas le loisir de s'interroger longtemps. Les questions continuent d'arriver en rafale. L'une de ses admiratrices lui lance : « Que penses-tu des fans qui te suivent partout ? » Déjà très professionnel, le petit prince répond : « Ce que j'en pense ? Pour moi, c'est une chance inouïe de recevoir tant d'amour. Que du bonheur ! Merci à vous, merci à tous ceux qui me soutiennent. » Une réponse qui ravit Tiffany, déjà aux anges. Il est là, devant elle, tellement beau ! Combien de temps a-t-elle passé, depuis la rentrée, à coller dans son cahier les articles et les photos de Grégory ? Même les murs de sa chambre en sont couverts. Elle est si troublée qu'elle ose à peine poser sa question. Finalement, poussée par sa maman, elle se lance, tremblante : « Quel genre de musique y aura-t-il sur ton premier *single* ? » Souriant, Grégory pose son regard sur elle pour lui répondre : « Je n'en sais rien du tout, c'est beaucoup trop tôt pour le dire. Je suis encore dans l'aventure "Star Ac". [...] Je pourrai répondre à ce genre de question quand tout sera terminé. Pour l'instant la question est encore prématurée mais, je vais réfléchir, ne t'inquiète pas. » Tiffany est si émue qu'elle n'est pas certaine d'avoir bien compris la réponse de Grégory. Son cœur bat tellement vite qu'elle l'entend cogner dans ses oreilles. Ce n'est qu'au moment où Laurent, un adolescent de dix-sept ans, pose à son tour une question un peu sèche, qu'elle reprend ses esprits : « Vous considérez-vous comme des stars ? », demande-t-il, perfide, aux deux finalistes. À peine a-t-il terminé sa phrase que Tiffany s'indigne. Mais Grégory ne perd pas ses moyens. Il répond le premier, très sûr de lui : « Star ? Je n'aime pas ce mot. Je préfère celui d'artiste. Quelqu'un qui sait donner de sa personne, qui apprend à recevoir beaucoup mais qui, avant, doit énormément donner. Il se doit d'être professionnel avec les gens qui travaillent avec lui. Ne pas piquer une crise pour des broutilles, par exemple. » Grâce au professionnalisme et à l'aplomb de son ami, Lucie, un instant décontenancée, répond à son tour, lucide face à la situation qu'elle est en train de vivre : « L'émission s'appelle "Star Academy", mais tout le processus qui permet de devenir une star est inversé. Avant, il fallait vraiment trimer longtemps avant d'être reconnu et passer à la télé. Nous, on a tout eu au départ et c'est à partir de la sortie que ça devient difficile. Le mot "star", on le dit souvent pour rien. C'est à nous de prouver qu'on mérite de le porter. Ça se fera avec les années, avec le temps et l'expérience, les rencontres qu'on fera et surtout notre propre musique, que personne ne connaît pour le moment. »

Un moment de silence. Un flottement. Dans la salle, un doigt se lève, mais il est trop tard. L'attaché de presse met fin à la rencontre. Les finalistes ont passé un long moment avec leurs admirateurs, ils doivent à présent retourner répéter. Mais les fans n'ont pas dit leur dernier mot. Au moment où Lucie et Grégory s'apprêtent à s'éclipser, ils se lèvent, se dirigent vers eux. Aucun d'entre eux, et surtout pas Tiffany, ne repartira sans un autographe de Grégory ou de Lucie sur le poster qu'ils ont apporté.

Demain soir, peut-être, cette signature sera celle du vainqueur !

22 DÉCEMBRE 2004

« J'avais tellement rêvé
de ce moment...
en quelque sorte, on a peut-être
rendez-vous avec le destin ! »
(Grégory, avant d'entrer en scène
le soir de la finale)

Marseille. Loin des illuminations qui font de la célèbre Canebière un lieu féerique, Nina, seize ans, vit elle aussi depuis quatre mois au rythme de la « Star Ac ». Fan de la première heure de Grégory, elle clame haut et fort que c'est grâce au talent du jeune homme que l'édition 2004 est exceptionnelle – la meilleure, bien sûr, de toutes celles déjà diffusées. La preuve ? L'adolescente n'a rien raté depuis septembre. Chaque jour, elle a programmé son magnétoscope pour enregistrer le résumé quotidien de 19 heures et a accumulé les enregistrements des *prime* du vendredi soir, uniquement pour voir et revoir les prestations de son idole. Quoi qu'en disent ses parents, qui commencent à trouver sa passion un peu gênante pour ses études, son emploi du temps est littéralement réglé sur celui de la « Star Academy ». Chaque jour en rentrant chez elle, Nina commence par prendre des nouvelles de Grégory en visitant des sites Internet. Ensuite, elle revisionne sans se lasser tout ce qu'elle a déjà en boîte. Elle connaît par cœur, entre autres, « Tous les cris, les SOS », ou « Qu'est-ce qui fait pleurer les blondes ? », que Grégory a interprétée avec Lucie et… Roch Voisine en personne ! Et, bien sûr, elle a déjà pris des billets pour le concert des Academyciens prévu en juin 2005 à Bercy…

Grégory, en l'espace de quatre mois, est ainsi devenu le centre de la vie de Nina. Un prince charmant dont elle rêve toutes les nuits, à la fois proche et si loin d'elle… Or, ce 22 décembre, à quelques heures de la grande finale, la jeune Marseillaise est un peu triste. Bien sûr, Grégory va gagner, ce soir. Une merveilleuse victoire, qui va couronner tous ses efforts. Mais, ensuite, une page sera définitivement tournée. C'en sera fini de la « Star Ac » 2004. Elle ne verra plus aussi souvent son héros sur le petit écran et devra attendre la tournée et la sortie de son disque pour que la presse parle de lui à nouveau…

Pourtant, malgré la tristesse qui la gagne, Nina s'efforce de chasser ses idées noires. Elle ne va tout de même pas pleurer à l'approche de cette soirée que toute la France attend ! D'ailleurs, elle a des tas de trucs à faire. Toutes ses amies du lycée vont venir dans sa chambre pour suivre la finale devant sa télévision, branchée spécialement sur les enceintes de sa chaîne hi-fi. Elle va leur préparer quelques petites choses à grignoter…

Ce matin-là à Dammarie-lès-Lys, c'est l'effervescence. Loin, très loin des fans qui, dans toute la France, pensent à eux, Lucie et Grégory ferment la lourde porte du château. En poussant pour la dernière fois ses battants, en compagnie de Gérard Louvin, le directeur, ils savent qu'ils vivent la fin d'une très belle aventure. Pour fêter l'événement à leur manière, tous les trois décident d'allumer un feu de Bengale, en souvenir sans doute du magnifique feu d'artifice qui a salué leur arrivée en septembre. Au moment de monter dans le minibus qui doit les conduire à Paris pour une journée complète de répétition, mais aussi de promotion, il leur est difficile de ne pas verser une larme. Une larme de nostalgie mais aussi de bonheur. C'est la dernière ligne droite, tous deux le savent. Et rien, absolument rien n'est joué… D'abord, parce que chacun d'entre eux a du talent, mais aussi, et surtout, parce que Lucie et Grégory, aussi épuisés l'un que l'autre, soignent tous les deux un gros rhume. Une infection bénigne pour Lucie, mais pas pour Grégory. Depuis plusieurs nuits, le jeune homme dort mal. Il se sent faible. La veille, au cours de sa journée de répétition, il a forcé sur sa voix. Pour la première fois depuis longtemps, il a dû s'arrêter et s'est mis à tousser comme un perdu. Après une longue séance de kinésithérapie, Grégory a retrouvé son souffle. Mais pour combien de temps ? Il sent bien que sa voix est fragile. Il sait qu'il est à la merci de l'une de ces terribles crises qui, il y a peu de temps encore, le clouaient au lit, l'empêchant de sortir le moindre son de sa gorge. Mais, pour autant, il n'a pas l'intention de s'arrêter. Bien au contraire. Il compte mettre les bouchées doubles, et battre Lucie, malgré la réelle amitié qu'il lui porte. Depuis l'enfance, il aime la compétition. Son père lui a appris à gagner. Cette fois pas plus que les autres, il ne doit le décevoir. Sa victoire, ce soir, comblera les centaines, les milliers de fans qui le soutiennent, mais aussi sa famille. Et c'est l'occasion de montrer une fois pour toutes aux journalistes qu'il est un véritable artiste, et non un pauvre petit malade ! Et puis, comment faiblir, alors que cette ultime soirée de gala s'annonce grandiose, puisque les deux candidats doivent chanter au son symphonique de l'Orchestre philharmonique de Paris ? Cinquante musiciens armés de violons, harpes ou violoncelles pour accompagner, cette année encore, les finalistes de l'émission la plus populaire de la télévision française…

La Plaine Saint-Denis, près de Paris. Depuis ce matin, le studio de la « Star Ac » est une véritable ruche. Le décor n'a pas changé depuis des semaines. Mais, à la demande du directeur de la photographie, chargé de l'éclairage du plateau, les machinistes mettent en place les câbles et les projecteurs nécessaires à cette soirée spéciale. Le réalisateur et la production veulent que cette dernière émission soit belle, festive, exceptionnelle en tout point. L'enjeu est de taille. Si le public est aussi nombreux que l'an dernier, TF1 peut en effet espérer dix millions de téléspectateurs. Alors, effets spéciaux, éclairages, pluie de paillettes, fumigènes, tout doit être spectaculaire et en place, prêt à être déclenché depuis la régie avant l'arrivée de Lucie et de Grégory, qui doivent venir répéter une dernière fois avec les danseurs, les musiciens et les artistes conviés à la fête.

Mais, avant de se rendre à la Plaine, les deux finalistes échauffent leur voix et travaillent leurs textes dans un hôtel parisien. Pour l'occasion, leurs répétiteurs et le professeur de chant sont là. La matinée est studieuse, à tel point qu'ils en oublient de s'angoisser et que, l'espace de quelques heures, ils plongent, à corps perdu, dans un océan de musique. De quoi mettre Grégory de très bonne humeur, avant un déjeuner léger et une courte sieste. À force de faire des gammes, de laisser sa voix monter, descendre, s'épanouir, il en oublie le stress, la compétition, et même tous les enjeux de la soirée. Il chante, tout simplement. Et c'est ce qu'il aime le plus au monde…

16 heures. Ça y est, tout est en place, à la Plaine, pour une répétition grandeur nature du show de ce soir. Sur le plateau encore semi-désert, Grégory s'avance, entouré des danseuses de Kamel Ouali. En bon professionnel, il vérifie le bon fonctionnement des micros et le retour

son. Puis il se lance. Il connaît par cœur toutes les chansons qu'il va entonner, il les a travaillées des dizaines de fois. Il n'empêche : cette fois, c'est pour de vrai, ou presque. Alors, il se donne à fond, même s'il économise ses pas pour ne pas trop s'essouffler. L'essentiel, pour lui, ce n'est pas le mouvement : il sait que les mises en scène spectaculaires de Kamel Ouali, le chorégraphe le plus connu du Paf, donnent aux spectateurs l'impression qu'il s'agite beaucoup. Chaque chanson, chaque pas de danse entraîne un réglage particulier de lumière. Il faut s'arrêter. Attendre. Reprendre, quand tout est enfin prêt. C'est long, parfois fastidieux, mais Grégory se prête à tout avec patience et bonne humeur, comme d'habitude. Comment pourrait-il se plaindre, d'ailleurs ? Ce 22 décembre, il vit son rêve jusqu'au bout. Dans quelques minutes, c'est avec des stars qu'il va répéter ses duos !

Des bruits de pas. Une agitation soudaine. Des lumières qui s'allument. Puis, d'un coup, elle est là, devant Grégory. Patricia Kaas. Depuis le début de cette aventure, il a croisé tellement d'artistes qu'il pourrait être blasé, mais non. Il ne se lasse pas de ces rencontres exceptionnelles. Quand Grégory la voit arriver, il se demande même s'il ne va pas se pincer. Est-ce qu'il rêve ? Ou est-il bien là, sur un plateau télé, au côté de cette chanteuse qu'il admire tant pour sa voix exceptionnelle ? Un bref instant, il ferme les yeux. Puis il les rouvre. Non, ce n'est pas un rêve. Patricia Kaas est toujours là, devant lui. Elle le salue. Elle lui sourit. Ce soir, ils vont bien chanter ensemble « Toute la musique que j'aime » ! Un titre qu'ils doivent répéter, maintenant... Le comble est que, dès les premières notes, une réelle complicité s'établit entre eux. Et que Patricia Kaas, elle le confiera plus tard, tombe sous le charme de la voix de Grégory, même si, pour ne pas se fatiguer, il ne lui donne pas encore toute sa puissance...

Ce n'est pas fini. Car, pour les jeunes finalistes, cette soirée s'annonce doublement exceptionnelle. D'autres duos avec de grands artistes sont en effet prévus. Avec le parrain de l'émission, Michel Sardou, mais aussi le ténor Roberto Alagna ou encore Jenifer, la gagnante de la saison 1. Un programme que Lucie et Grégory commentent avec les journalistes arrivés à présent sur le plateau pour les interviewer. À cet instant, ils ne songent ni l'un ni l'autre à la compétition qui va les opposer. Évidemment, à l'issue du duel, l'un d'entre eux sera sacré vainqueur de la « Star Ac » saison 4. Mais, ce qui leur importe, avant tout, c'est de faire une bonne émission. Voilà ce qu'ils affirment pour commencer. Puis, Grégory, philosophe, enchaîne : « C'est la fin d'une aventure. » Ensuite, avec un grand sourire, il s'offre une petite revanche : « Ceux qui racontaient que j'étais au bout du rouleau et que j'allais abandonner, ceux qui se sont servis de mes problèmes de santé pour vendre du papier, eh bien je leur dis : voilà, je suis en finale ! C'est eux qui se sont essoufflés. »

Puis il ajoute, souriant, que toutes les spéculations sur son état de santé n'ont servi qu'à une seule chose : lui « donner plus de force et de motivation ».

« Franchement, je ne pensais pas rester jusqu'à la finale », confie à son tour Lucie, d'autant plus étonnée d'en être arrivée là qu'elle a failli ne pas faire partie de la promotion 2004 ! « Vous vous rendez compte ! J'étais remplaçante ! Ils m'ont appelée le 2 septembre, la veille du *prime.* J'ai eu deux heures pour faire mes valises et dire au revoir à ma famille ! »

18 h 30. Le plateau est de nouveau quasi vide. Les journalistes et les artistes sont partis. Mais, malgré la fatigue et la pression montante, la journée est loin d'être terminée. Pour Grégory et Lucie, il est temps d'aller se reposer avant le grand show. Un seul mot d'ordre pour ne pas fatiguer sa voix : garder le silence avant le début de l'émission. Complices et très proches, les deux finalistes s'amusent à communiquer par gestes. Fous rires garantis, silence à demi respecté, puis place à une bonne douche et à un repas d'athlète à base de pâtes. Des sucres lents, pour tenir toute la soirée ! La dernière bouchée à peine avalée, il faut déjà se maquiller et s'habiller – robe de soirée à paillettes pour Lucie, costume noir à rayures tennis pour Grégory. Noël oblige, Nikos Aliagas et les professeurs portent, quant à eux, un smoking.

20 heures. C'est l'heure de toutes les attentes. Pour la société de production Endemol, d'abord,

qui joue gros dans l'affaire : chacun de ses membres, toute hiérarchie confondue, se demande si les téléspectateurs vont être au rendez-vous et les votes assez nombreux cette année. Gérard Louvin, dans les coulisses, est inquiet. Il espère secrètement la victoire de Grégory dont il admire le talent et l'endurance depuis le début du jeu, mais il le sent de plus en plus fragile. Tiendra-t-il le coup ? Le directeur veut y croire. C'est aussi l'attente pour les fans de la « Star Ac », qui comptent les minutes avant le début du *prime.* Pour les deux finalistes, enfin, qui, dans leurs loges, commencent à sentir monter en eux un trac irrépressible… Heureusement, pour les distraire, il y a leurs proches qui défilent, les uns après les autres, et leur donnent qui un dernier conseil, qui un dernier baiser.

« On est fiers de toi, murmurent Pierre et Laurence Lemarchal à Grégory. On est tellement fiers de toi… »

Des mots simples, touchants. Les mots d'un père et d'une mère émus aux larmes par l'incroyable destin d'un enfant qu'ils savent très malade, et qui a réussi, tout de même, à aller au bout de son rêve…

Une victoire écrasante

« Jusqu'au bout, il est resté un guerrier
et a déployé une incroyable niaque. [...]
Il s'est battu avec sa voix et sa rage de vaincre.
[...] *Il est venu pour gagner,*
pas pour perdre. [...] »
(Nikos Aliagas, au lendemain
de la victoire de Grégory)

20 h 20. Plus que quelques minutes et le direct va commencer. Trop ému pour rester plus longtemps seul, Grégory rejoint Nikos dans sa loge pour tenter de décompresser. Depuis le début de l'aventure, le jeune candidat et l'animateur de l'émission sont très complices. Et comment ne le seraient-ils pas, alors qu'ils sont tous les deux nés un 13 mai ! Un point commun qui, forcément, crée des liens ! Plus tard, Nikos racontera avec émotion les derniers instants passés avec Grégory avant le début de la compétition : « Le soir de la finale, nous nous sommes retrouvés

tous les deux dans ma loge. Nous étions épuisés et enrhumés. Ce n'était rien pour moi, mais cela pouvait être dangereux pour lui. Nous nous sommes shootés au Vicks pour nous réchauffer et nous remonter le moral… »

Grégory a bien besoin de la précieuse amitié de son « jumeau » de la « Star Ac ». Car il sent, à cet instant, que rien n'est encore joué. À cause de ce fichu rhume, qui lui picote la gorge et le nez. Mais, aussi, à cause du talent de la jeune Lucie. C'est un duel à armes égales qu'a monté la société de production. Elle ne veut pas prêter le flanc aux attaques sournoises de certains journalistes qui prétendent que la finale est truquée, que tout est joué d'avance. Ce soir, Lucie et Grégory auront à franchir les mêmes obstacles – des obstacles en forme de duos, notamment avec le grand Michel Sardou. Grégory, au moment d'entrer en scène, pense peut-être à lui. Voilà quelques semaines, il l'a rencontré, à l'Olympia. Ils ont même chanté ensemble sur cette scène mythique. Et le jeune homme a cru sentir passer sur lui le souffle de tous ceux qui, avant eux, ont fait résonner les lieux de leurs voix si puissantes.

« On va y aller ! »

Une simple phrase et la tension est à son comble. Cette fois, plus moyen de reculer. Comme le dirait Michel Fugain, la fête va commencer. Toutes les lumières s'allument. Une seconde encore. La régie s'affole. Sur le plateau, le silence se fait. Voilà. C'est bon. On tourne…

Décrire ce que fut cette soirée-là est un exercice difficile, pour ne pas dire périlleux. Comment rendre compte, en effet, de ce tourbillon de sons, de lumières, de danses, cette enivrante kermesse durant laquelle Lucie et Grégory donnent le meilleur d'eux-mêmes, tout en s'amusant comme de petits fous ? À peine Grégory s'est-il emparé du micro qu'il « électrise le public et gagne ses galons de petit prince de la chanson », comme le dira Nikos, qui ajoutera : « En dépit de quelques difficultés, il a décroché les étoiles... »

C'est effectivement le cas. Car, ce soir-là, malgré sa fatigue, Grégory se surpasse. Debout au milieu de la scène, fièrement campé sur ses jambes et accompagné par l'Orchestre philharmonique de Paris, il entonne « Et maintenant ». Et, l'espace d'un instant, il fait oublier Monsieur 100 000 volts, alias Gilbert Bécaud ! Son interprétation en solo est magistrale, à la fin toute la salle est debout pour l'applaudir. Place maintenant au duo. Avec Lucie, il chante le grand succès de Céline Dion « My Heart Will Go on ». Et, à regarder les deux jeunes gens sur scène, il est impossible de ne pas penser aux romantiques héros de *Titanic*, Rose et Jack. Comme lui, à cet instant, Grégory est le « roi du monde ». Un roi qui, les larmes aux yeux, quand Nikos donne la parole à sa maman présente dans la salle, l'écoute redire la fierté qui est la sienne...

La suite est aussi fantastique puisque, pendant presque trois heures, Grégory et Lucie oscillent entre rires et émotions fortes. Il y a, d'abord, le duo répété l'après-midi même avec Patricia Kaas, qui met littéralement le feu au plateau, tant Greg se donne à fond. Il y a, ensuite, les duplex avec les fans, de Nice pour Lucie et de Chambéry pour Greg…

« Grégory ! Grégory ! »

Là, à l'écran, une foule immense acclame son champion. Et, sur le plateau, Grégory, lui, écarquille les yeux. Une fois de plus, il se demande s'il ne rêve pas, s'il ne va pas se réveiller, dans sa petite chambre d'enfant, au milieu de ses jouets et de ses trophées, pour constater qu'il est tout simplement l'heure d'aller à l'école ! Ce temps-là n'est finalement pas si loin. Pas si loin, non plus, les éprouvantes hospitalisations au cours desquelles il se demandait si un jour, enfin, il pourrait vivre une vie normale. Cette vie, elle est là, à présent, une vie formidable mais qui, d'un coup, le fait chavirer d'émotion… Et ce n'est pas fini. Après les fans, vient le tour des personnalités du monde du spectacle venues dire à Grégory mais aussi à Lucie combien ils ont été sensibles à leur talent et à leur générosité… Oui. La finale de l'édition 2004 est décidément une finale prestigieuse. Grégory se fait le serment qu'il n'oubliera jamais aucun des instants passés sur le plateau rutilant de lumière de la « Star Ac 4 ».

« J'me voyais déjà en haut de l'affiche… »

Surprise ! Les camarades de promo des deux finalistes sont là : Sofiane, Hoda, Harlem et tous les autres, seize garçons et filles qui offrent à Grégory le plus beau des clins d'œil, en interprétant la chanson de ses débuts au camping d'Argelès-sur-Mer : « Je m'voyais déjà » de Charles Aznavour. À les écouter, à les regarder, Grégory rit d'abord, pleure ensuite, entonne le refrain avec eux. Et, d'un coup, il réalise qu'il y est, en haut de l'affiche. À vingt et un ans tout juste, qu'il gagne ou qu'il perde, rien ne sera plus jamais pareil pour lui.

Ensuite ? Eh bien, la fête continue, avec la prestation des professeurs et de Nikos chantant « New York, New York », avant de s'éclipser pour réapparaître déguisés en Père Noël ! La salle entière s'esclaffe quand Grégory chante la mythique chanson de Tino Rossi, « Petit Papa Noël », avec Lucie et le grand ténor Roberto Alagna. Une scène inoubliable, elle aussi.

« Mesdames et messieurs, vous n'avez plus que quelques minutes pour voter… »

Grégory sursaute, comme brutalement tiré d'un rêve. À chanter, danser, à écouter Lucie, il en a presque oublié que le temps passait et qu'un enjeu important était à la clé ce soir ! Mais, avec la voix de Nikos qui envahit tout l'espace, il revient soudain à la réalité. La fête est terminée, au moins pour le moment. Place au vote.

23 h 30. Le temps d'une dernière coupure publicitaire. Grégory tremble comme une feuille. Et, d'un coup, il sent la fatigue l'accabler. C'est le bout de l'aventure – dans moins d'un quart d'heure maintenant, il saura si oui ou non il a

gagné. Il y a quelques heures, il a affirmé aux journalistes que l'important était d'avoir participé et d'avoir eu la chance d'arriver en finale sans être nommé. Voilà maintenant qu'il se découvre pétrifié par la peur de perdre ! En régie, on rediffuse les prestations de la soirée. L'occasion de se revoir, de découvrir tous ses défauts, en oubliant les qualités. En se réécoutant chanter, Grégory se dit qu'il aurait dû faire ci ou ça, se tenir autrement, forcer sa voix à tel moment, vibrer un peu plus à d'autres. Lucie, à son côté, a elle aussi les yeux rivés sur l'écran mais, tendu comme il l'est, il l'a presque oubliée. Il se regarde. Il s'écoute. Et lentement, difficilement, le temps passe, minute après l'autre. Puis, d'un coup, tout bascule. Nikos invite l'huissier à lui remettre le résultat des votes du public, sans oublier de noter au passage combien ils ont été serrés toute la soirée, avant de s'envoler littéralement…

Un supplice de quelques secondes, encore… Nikos Aliagas se décide enfin à ouvrir l'enveloppe qui contient le nom du gagnant. Il le lit intérieurement. Son visage ne laisse rien paraître quand il jette un bref coup d'œil aux professeurs tétanisés derrière leur pupitre. Dans un geste tendre, Lucie, la moins tendue des deux finalistes, prend la main moite de Grégory dans la sienne. Il a peur, Grégory. Si peur qu'il entend à peine Nikos hurler :

« La "Star Academy 4" a été remportée par… Grégory ! C'est Grégory qui remporte la "Star Academy" à l'issue de quatre mois de travail, mesdames et messieurs. Grégory dans l'arène, Greg debout, Greg en larmes dans les bras de Lucie. [...] Greg dont on est tous fiers ce soir. »

Sur le plateau, une pluie de paillettes argentées s'abat sur le vainqueur. Après Jenifer, Nolwenn et Élodie, grâce au public, Grégory vient de gagner un million d'euros et la production de son premier album. Il touche au bout de son rêve.

Officiellement, sa carrière de chanteur peut commencer.

Un rêve bien réel !

« Sacré Greg ! Je l'ai vu vainqueur dès le départ, mais je n'imaginais pas qu'il se montrerait courageux à ce point ! Jamais il n'a craqué jusqu'à ses larmes de bonheur le dernier jour ! [...] *»*
(Gérard Louvin –
Agenda secret du directeur)

« Gagné. Grégory a gagné. » Pour commencer, Grégory Lemarchal n'a pas pris conscience de ce que les mots prononcés par son ami Nikos signifiaient. Voilà tellement de temps qu'il se bat, qu'il lutte. Il a passé tant de nuits à tenter de respirer sans suffoquer, tant d'heures à tousser à perdre haleine. Il a avalé tant de médicaments, d'antibiotiques, il a défié la fatigue, l'épuisement, la maladie, il a eu tellement peur de cette mort qui guette les enfants comme lui, une mort cruelle qui, bien souvent, surgit à l'improviste et déchire des familles ! À présent, il aurait remporté une incroyable victoire, cette victoire à laquelle si peu de gens de son entourage croyaient ? Grégory n'est pas loin de penser que c'est impossible. Pourtant, Nikos répète encore et encore son nom. Une pluie de confettis argentés l'enveloppe. On l'ovationne. On l'applaudit. On scande son prénom… C'en est trop pour lui. Il se tourne vers Lucie, son amie, sa complice, sa collègue, celle qu'il vient de battre et qui pourtant chante si bien, presque aussi bien que lui, et il s'effondre en larmes dans ses bras. Grégory déteste la sensiblerie. Il hait les effusions publiques. Mais, ce soir, il craque et verse, enfin, des pleurs venus du fond de son être. Les larmes qui coulent sur ses joues, ce sont celles qu'il n'a jamais versées quand on trouait ses bras de piqûres ou qu'il devait subir le martyre des séances de kinésithérapie respiratoire. Des larmes de délivrance et qu'importent, après tout, les millions de téléspectateurs qui le regardent ! Car Grégory réalise enfin que, tel l'homme de la Mancha, si bien chanté par Jacques Brel, il vient de toucher du doigt l'inaccessible étoile. Alors, tout à coup foudroyé de bonheur, il se redresse, lève la tête vers le ciel et dit, d'une voix étranglée mais parfaitement audible : « Merci la vie. » Puis, galvanisé par le public qui l'acclame dans la salle, il pousse un cri libérateur, les poings levés…

Plus tard, Grégory Lemarchal affirmera ne pas se souvenir de ce hurlement de joie, au moment où Nikos scande son prénom. Vrai ? Faux ? Ce qui est sûr, en tout cas, c'est qu'il n'a pas volé sa victoire, comme le suggéreront plus tard certains journalistes mal intentionnés. Il est vrai que, selon les chiffres de l'institut Médiamétrie chargé de comptabiliser les audiences, TF1 a perdu près de deux millions de téléspectateurs en moyenne par rapport aux années précédentes. Mais rappelons aussi que Grégory Lemarchal, premier garçon à remporter la « Star Academy », a été élu par le public avec 80 % des votes, contre 20 % pour Lucie. Un score sans appel et une grande première dans l'histoire de l'émission…

À le regarder pleurer, puis sourire entre deux larmes, tous, sur le plateau, sont gagnés par une immense émotion. Un à un, ses amis viennent le féliciter, l'embrasser, tout comme les anciens candidats, Sofiane, Morgan, Sébastien, Radia, Sandy et les autres, ainsi que les professeurs, qui ont pour la plupart les yeux rougis. Tout à son bonheur, oubliant les caméras qui continuent de le filmer, le petit prince, comme le surnomme déjà la presse, se laisse entourer, aimer, choyer. Et il continue de pleurer à chaudes larmes, au grand bonheur du réalisateur qui demande à ses cadreurs de multiplier les gros plans sur son visage bouleversé. Audience oblige ? Peut-être. Mais on n'a pas si souvent, à la télévision, l'occasion de montrer la fin d'un conte de fées ! Dans l'euphorie générale, Pierre et Laurence Lemarchal, toujours assis dans la salle au premier rang du public, pleurent, eux aussi. À quoi pensent-ils, à ce moment ? Cela, ils ne l'ont confié à personne. Mais en observant le visage radieux de Pierre, il n'est pas difficile d'imaginer sa fierté, son enthousiasme, ni de mesurer l'amour infini qu'il porte à son fils. Et les traits un peu tirés de Laurence semblent dire qu'elle est à la fois pleine de bonheur et d'inquiétude. À cet instant, les parents des autres candidats les envient certainement, elle et son mari. Mais s'ils savaient tout ce qu'ils ont enduré ! Laurence garde en mémoire les nuits vécues à veiller son fils, les heures au cours desquelles elle a attendu, dans un couloir d'hôpital, qu'on vienne lui dire, une fois encore, que la crise était passée et qu'il était tiré d'affaire. Elle se souvient, aussi, de son angoisse quand Grégory, adolescent, a décidé d'oublier la maladie et de se lancer dans le foot, le handball, le rock acrobatique, la chanson ! Alors que ses capacités respiratoires sont tellement diminuées... Il n'empêche, Grégory a réussi. À force de souffrances, mais aussi de ténacité, il a réalisé le miracle auquel personne ne croyait vraiment. Aujourd'hui, il est là, devant eux. Il vit son rêve en direct, devant des millions de téléspectateurs. Ni Pierre, ni Laurence, ni Leslie, leur fille cadette, n'en croient leurs yeux. Et ils s'efforcent de ne penser à rien d'autre qu'à l'instant présent. Seul compte le bonheur de Grégory. La maladie, la notoriété et tout le reste, ce sera pour plus tard... Ils sont tellement impatients de le prendre dans leurs bras ! L'émission ne finira-t-elle donc jamais ? Quand, après le générique, les notes du jingle pub retentissent enfin dans le studio de la Plaine Saint-Denis, ils se précipitent sur le plateau d'un seul mouvement pour le retrouver. Les quatre Lemarchal, en larmes, se serrent si fort les uns contre les autres que leur émotion redouble. Cette aventure, ils l'ont vécue ensemble, même s'ils étaient séparés par plusieurs centaines de kilomètres. Grégory a été courageux, ses parents et sa sœur confiants mais inquiets. Et, au bout du compte, qu'est-ce qu'ils ont été impressionnés ! Une fois encore, il les a subjugués, et ils le lui disent.

« Une photo, s'il vous plaît ! »

Interrompant les effusions, le photographe officiel engagé par la production interpelle Grégory et ses parents. Il veut prendre un cliché pour immortaliser ce moment inoubliable en famille. Plus tard, il sera diffusé dans la presse. Et des millions de fans pourront voir les visages empourprés de Grégory, Pierre, Laurence et Leslie... Au centre, le jeune héros du jour serre sa mère contre lui. De sa main droite, dans laquelle il tient toujours son micro, il fait un signe au photographe. Même ému aux larmes, il n'oublie pas de vivre intensément son rêve de gloire, sa nouvelle célébrité et de se montrer pro. À sa droite, sa première fan, Leslie, semble avoir du mal à se remettre de la victoire de son grand frère. Pourtant, elle n'en a jamais douté. Seul Pierre Lemarchal, les yeux rougis et un peu en retrait, affiche un sourire de fierté. Désormais, pour Grégory, le rêve est bel et bien devenu réalité...

Mais, à cet instant précis, ni lui ni aucun des membres de sa famille ne mesure encore l'ampleur de sa victoire. Car ce triomphe devant plus de huit millions de téléspectateurs va l'entraîner dans un tourbillon… Grégory va devoir affronter la scène, la vraie, les tournées, il va enregistrer un album, puis un deuxième, il va être à la une des journaux *people*, tous ses faits et gestes seront observés à la loupe, il aura le plus grand mal à préserver sa vie privée – et, comme tous les artistes, il va devoir rester à la hauteur des espérances placées en lui… En effet, c'est un véritable marathon qui l'attend, et il va devoir fournir encore plus d'efforts que ceux qu'il a déjà donnés !

Mais, ce soir, avant tout, place à la fête. Oubliés le rhume, la fatigue, le trac, Grégory savoure son triomphe. Photos, interviews, accolades, il ne refuse rien à personne. Il est au centre de la foule, il rit, pleure, s'agite et, devant son visage baigné de sueur, Laurence, sa maman, sent à nouveau l'inquiétude poindre en elle. Ces lèvres qui tremblent un peu, ces yeux trop brillants et cernés de noir, cette poitrine qui se soulève trop vite signent la fatigue de Grégory. Comme s'il se doutait de ses craintes, il se dirige régulièrement vers elle, l'entoure de ses bras, l'embrasse. Une manière de dire « Je vais bien maman, ne t'inquiète pas ». Puis il s'éloigne de nouveau. Vite. Trop vite… Mais comment pourrait-il faire autrement ? Il sait que les journalistes l'attendent pour une interview qui sortira dans leur édition du lendemain. Et il se prête naturellement au jeu !

« Comment vous sentez-vous après cette victoire ? » demande l'envoyé du *Parisien.* « Je suis évidemment super heureux. J'ai fait un bon *prime*, je sens que la pression retombe. J'étais très fatigué ce soir, même vocalement, mais j'ai réussi à me surpasser grâce à l'ambiance. »

« Que représente pour vous cette victoire ? », demande un autre. « Je n'aurais jamais pensé vivre un truc pareil, je crois que c'est un joli clin d'œil du destin d'être là ce soir… »

Et ce n'est toujours pas fini. Toute la soirée et une bonne partie de la nuit, on fait la fête à Paris autour du grand vainqueur de la « Star Ac ». Grégory n'a pas le loisir de poser une seule seconde son trophée. Cette épaisse plaque de bois précieux ornée d'un rectangle de cristal gravé à l'effigie de l'émission pèse une tonne ! Mais il doit le lever bien haut, devant chaque photographe. Et toutes les personnes présentes se battent pour poser à son côté… Gentiment, Grégory s'exécute. Il est épuisé mais il garde le sourire. Car, il le sait bien, il n'est pas seulement **le** vainqueur de la « Star Ac ». Il est aussi un symbole d'espoir pour tous ceux qui, comme lui, souffrent de cette sale maladie qu'est la mucoviscidose…

À L'AUBE D'UNE NOUVELLE VIE !

« La "Star Ac" m'a permis de m'épanouir professionnellement et d'entamer la deuxième partie de ma vie. »
(Grégory – « 20 h 10 pétantes », Canal +, juin 2005)

23 décembre. En cette veille de réveillon, Paris est féerique. Des centaines de guirlandes électriques illuminent les rues. Des sapins joliment décorés ornent les carrefours. Et des dizaines, des centaines de badauds se pressent devant les vitrines des grands magasins... Même épuisé par une nuit presque blanche, Grégory Lemarchal est sensible au charme de la capitale. Ce n'est pas pour rien qu'on la surnomme la Ville Lumière ! Mais pas question pour lui, malheureusement, de flâner dans les rues, comme il aurait envie de le faire. Victoire oblige, il doit de nouveau rencontrer des journalistes. Radio, télé, presse, le ballet est incessant. Éreintant. Bien sûr, le petit prince

est toujours aussi heureux. Mais, tout de même, cette agitation, ces allées et venues, tous ces gens qui lui tendent des micros, c'est beaucoup. Pour un peu, Grégory s'éclipserait et irait tranquillement prendre le train pour rentrer chez lui. Voilà ce qui serait bien, rentrer à la maison, dans la petite ferme de Sonnaz où, il le sait, sa maman a préparé un bel arbre de Noël. Au moins, il pourrait se poser, réfléchir à l'avenir, à cet après qui suivra la tempête médiatique déferlant sur lui. Comment les choses vont-elles se passer, après la fin de l'aventure « Star Academy » ? Retournera-t-il un jour au château ? Reverra-t-il ses amis ? Et cette tournée, qu'il doit entamer dans quelques mois, saura-t-il l'assumer ? Tout en répondant aux dizaines de questions qui lui sont posées, Grégory ne peut s'empêcher de s'interroger. Comment fait-on pour marquer l'essai, comme on dit, après avoir gagné la « Star Ac » ?

24 décembre. Le marathon parisien est enfin terminé. Et la famille Lemarchal a regagné la Savoie… Adieu les illuminations, les plateaux télé, les micros des reporters. Ici, à Sonnaz, tout est doux, feutré, et très blanc. Une épaisse couche de neige recouvre le sol et des flocons continuent de tomber. En sentant leur caresse froide sur son visage, Grégory pense-t-il aux paillettes argentées qui l'ont nimbé au soir de sa victoire ? Quoi qu'il en soit, il est heureux de retrouver la ferme familiale. Demain, c'est Noël. Il y aura de nombreux cadeaux au pied du sapin, un bon repas, Pierre Lemarchal prendra des

photos et on débouchera une bouteille de champagne. Mais, avant, il faut se reposer, c'est du moins ce que lui dit sa mère. Se reposer ? Une drôle d'idée quand on y pense ! Peut-on vraiment prendre du repos après avoir vécu au firmament ? Il y a cinq jours, lors de son retour éclair à Sonnaz, Grégory n'était pas encore le héros de la quatrième édition de la « Star Ac », mais tous l'admiraient déjà. Il se souvient en avoir été gêné. Aujourd'hui, pourtant, ce sentiment a disparu. Il ne reste en lui que la fierté de ne pas avoir baissé les bras. Même s'il admet lui-même qu'il est épuisé…

« J'ai grillé mes dernières cartouches », reconnaît-il, avec ce sourire enjôleur qui fait craquer des centaines de fans.

Mais attention ! Toujours égal à lui-même, Grégory Lemarchal se refuse à admettre que la fatigue qui fait ployer ses épaules est due à sa maladie.

« N'importe quelle personne soumise au régime de la "Star Ac" aurait été crevée ! », ajoute-t-il…

Il n'a pas tout à fait tort. Car, à la surprise générale, et c'est heureux, son état de santé reste plutôt bon. Au château, lui, si maigre, a pris quelques kilos. Certains tests, passés en hôpital, donnent de meilleurs résultats. Même son souffle s'est amélioré. En fait, comme le soulignera plus tard le professeur Gérard Lenoir, chef du service pédiatrie de l'hôpital Necker et grand spécialiste de la mucoviscidose : « Le sport comme le chant aident à se battre contre la maladie. Il a été prouvé que ces exercices amélioraient les performances pulmonaires des malades. » D'ailleurs, au lendemain de l'émission, son père a dit aux journalistes combien les médecins étaient surpris par son état de santé : « Les toubibs sont impressionnés par ses résultats médicaux. Ils sont exceptionnels, c'est inespéré. Greg est épanoui, il a le moral et sa santé est meilleure. [...] »

Grégory est allé jusqu'au bout de ses forces. Mais il est tellement heureux que son corps va mieux...

Décembre, toujours. Noël est passé. Un moment heureux au sein d'un cocon familial reconstitué. Grégory a retrouvé sa chambre, son lit, ses souvenirs d'enfant. Les autres, il les a dans la tête. Ils sont tous là, dès qu'il ferme les yeux. Ses premiers pas au château. La découverte des autres candidats, des profs, l'amitié avec Nikos. Les moments magiques de ces quatre mois. Les rencontres avec Yannick Noah, avec lequel il a interprété en duo « Les Lionnes », mais aussi avec Faudel, Ève Angeli, Patrick Bruel. Et puis, cette surprise qu'on lui a faite, un jour...

Tout a commencé quand Gérard Louvin lui a annoncé qu'il allait sortir du château pour rencontrer quelqu'un. Sortir ? Mais pour aller où ? Louvin, très secret, a simplement esquissé un petit sourire, l'air de dire « Attends, tu vas voir, ça va te plaire ». Ensuite, on a bandé les yeux de Grégory et on l'a fait monter dans une voiture. Durant tout le trajet, il échafaude des hypothèses. Mais, quand on lui enlève enfin le bandeau qui l'aveugle, la surprise est encore plus incroyable que tout ce qu'il a pu imaginer. Il découvre, devant lui, la salle du mythique Olympia. Et l'homme qui s'avance vers lui, main tendue, grand sourire aux lèvres, n'est autre que Michel Sardou... « Regarde, lui dit-il. Ce soir, tu vas chanter là... »

Le soir venu, en effet, Sardou entonne avec Grégory, et devant deux mille cinq cents personnes, le célèbre « En chantant »...

Ce duo avec Sardou, Grégory ne l'oubliera jamais. Et, dans sa chambre de petit garçon, il fredonne même peut-être, au moment de s'endormir, les jolies paroles de cette chanson...

Décembre, encore. Sonnaz est toujours sous la neige. Grégory, lui, commence à se lasser d'être enfermé. Après tant de bruit, d'agitation, le calme qui l'entoure lui pèse un peu. Alors, histoire de se distraire, il décide d'aller au cinéma. Or, compte tenu de sa notoriété, est-ce qu'il ne risque pas de déclencher une émeute au moment où il arrivera devant la salle ?

« Je ne vais quand même pas rester enfermé toute ma vie ! proteste Grégory quand ses parents lui font part de leurs craintes. J'y vais. On verra bien après. »

Grégory visse une casquette sur sa tête, emmitoufle son nez dans une écharpe – une bonne manière de passer incognito, ou presque ! Il enfile ensuite un gros blouson et prend la direction du cinéma pour voir *Les Indestructibles.* Le long du chemin, il se répète l'une de ses phrases favorites : « Ça passe ou ça casse... » Mais là, visiblement, ça passe. Est-ce l'écharpe ? le bonnet ? Personne ne lui prête aucune attention dans la rue. Il fait la queue comme tout le monde devant le cinéma, sans problème. Et si quelques personnes se retournent vers lui, dans la salle, aucune d'entre elles ne lui fait la moindre réflexion. De retour chez lui, Grégory, très content, rassure tout le monde : il a pu suivre son film sans souci. Ragaillardi par cette expérience, il décide quelques jours plus tard d'accompagner ses parents dans un hypermarché de la région. Mais là, ce n'est pas la même chanson, si l'on peut dire...

Où se trouve Grégory quand une jeune fille, puis deux, puis trois le reconnaissent ? Au rayon pâtes ? À la charcuterie ? Devant les surgelés ? Quoi qu'il en soit, alors qu'il pousse tranquillement le Caddie familial, un cri retentit. « Grégory ! C'est Grégory ! » En moins de temps qu'il n'en faut pour l'écrire, un attroupement de plus en plus dense se forme. Bientôt, c'est presque l'émeute dans la grande surface... Grégory redevient, en un éclair de flash, le lauréat de la « Star Ac 4 » ! Avec le sourire, bien qu'un peu gêné, il signe des autographes et accepte d'être pris en photo. Mais l'affluence autour de lui est telle que la sécurité du magasin doit intervenir. Les courses terminées en toute hâte, la famille rentre à la maison. Une vraie débandade, qui ne fait rire personne. Car, cette fois-ci, Grégory a compris que sa vie ne sera plus jamais tout à fait la même !

Comment pourrait-il en être autrement ? Chaque jour depuis son retour à Sonnaz, la poste du village croule sous le courrier de ses fans : une centaine de lettres par jour. Le facteur les dépose chez les Lemarchal le matin, avec un petit sourire complice. Grégory tente de les lire toutes, sans exception, et de répondre aux plus touchantes d'entre elles, écrites par des enfants ou de jeunes gens atteints de la mucoviscidose, qui lui écrivent leur admiration et l'espoir immense que sa victoire leur a donné. Il sait qu'il est maintenant un exemple pour ces malades. La preuve ? Son père lui a raconté que, pendant qu'il était enfermé au château, il a rencontré un psychologue à Paris. Le praticien s'occupait d'une enfant de huit ans atteinte par la maladie. Depuis quelque temps, elle ne buvait plus, alors qu'il est primordial pour ces malades de s'hydrater en permanence. La petite fille dépérissait. Mais, lorsqu'elle a vu Grégory à la « Star Ac » avec une bouteille d'eau à la main toute la journée, elle s'est remise à boire.

Grégory s'était promis de rencontrer certains malades, plus tard, par l'intermédiaire de l'association Vaincre la mucoviscidose. Après avoir écouté l'histoire de cette fillette, il décide de se lancer dans cette aventure plus tôt que prévu. À l'occasion des fêtes de Noël, il va aller rendre visite à des enfants atteints de cette maladie, dans les services hospitaliers de Grenoble et de Voiron dans lesquels il a lui-même été admis voilà peu de temps encore. Mieux encore : il va leur amener les jouets que ses fans lui offrent et qui, eux aussi, arrivent par dizaines à Sonnaz...

On le devine, le retour de Grégory dans les hôpitaux qu'il a si souvent fréquentés est pour lui un vrai choc. Il va alors un peu mieux, même s'il continue de suivre un traitement astreignant. Mais, par le passé, il a été à l'image de ces petits malades reliés à des bouteilles d'oxygène et incapables de sortir de leur lit. Un à un, il leur rend visite, s'assoit à leur chevet, leur parle, leur offre l'un des jouets qu'il a apportés avec lui. L'échange est toujours intense, bouleversant.

« Tenez le coup, dit-il. Regardez, moi je m'en suis sorti. Alors, vous aussi vous allez tenir, jusqu'à ce qu'on trouve un vrai remède à notre sale maladie... »

Janvier. Le jour de l'an a été fêté comme il se doit par la famille Lemarchal. À cette occasion, Grégory a annoncé à ses parents qu'il comptait utiliser le million d'euros gagné à la « Star Ac » pour les aider à effectuer les travaux nécessaires à l'agrandissement de la ferme familiale. Pour le reste, il verra plus tard. « Je vais d'abord payer mes impôts, ensuite, on verra ! », dit-il, pragmatique...

Sans doute Grégory songe-t-il à donner une bonne partie de la somme qui lui a été offerte à des associations. Sa modestie, sa pudeur lui interdisent d'en faire état, surtout publiquement. En revanche, il ne parvient plus à dissimuler son désir de retrouver une vie publique, comme on dit. Au fil des jours passés en Savoie, il sent en effet grandir en lui le vide qu'il redoutait tant le soir de sa victoire. Il aime tendrement les siens, bien sûr. Mais les profs, les cours, les autres candidats, la compétition... tout lui manque. Quand il se sent trop seul, il envoie des SMS à ses copains du château de Dammarie-lès-Lys. Lucie, Sofiane, Harlem ou Hoda lui répondent illico qu'eux aussi ont hâte de le retrouver.

« Plus que quelques jours, lui disent-ils. Le 8 janvier, on sera tous à la soirée best of prévue en direct sur TF1 ! Et après, en avril, c'est la tournée des Academyciens. Tu vas voir, on va s'éclater ! »

En effet, les candidats vont se retrouver et s'éclater, comme ils disent, en adolescents qu'ils sont. C'est pour bientôt, puisqu'il n'y a plus que quelques jours avant l'émission produite par Endemol. Et ce n'est pas tout : Grégory va aussi commencer une carrière de chanteur en solo. Depuis que la « Star Academy » existe, la filiale française du groupe Universal produit l'album du vainqueur de la promotion. Elle compte sur le petit prince pour redresser la barre des ventes... Au box-office des lauréats, Jenifer reste leader, avec plus d'un million de ventes pour son premier album et six cent mille pour le deuxième. Nolwenn, la gagnante de la « Star Ac 2 », n'a vendu que trois cent mille exemplaires de son premier album, tandis qu'Élodie Frégé est encore derrière, avec deux cent cinquante mille disques écoulés. Une vraie déception ! Mais Grégory, avec son premier *single*, va sans aucun doute faire un tabac. Après tout, l'hymne de la quatrième promotion,

« Laissez-moi danser », ne s'est-il pas classé en tête des ventes dès la première semaine, atteignant les cinq cent mille exemplaires vendus au moment de la finale ? Un record…

En attendant la soirée du 8 janvier et l'enregistrement de son premier disque, Grégory reçoit les quelques journalistes qui ont décidé de venir l'interviewer chez lui, à Sonnaz. Il fait avec eux le point sur ses projets, mais aussi sur ses rêves.

« Luc Plamondon m'a promis un texte, je ne sais pas s'il tiendra parole. Je serais également flatté de chanter des compositions de Calogero et Jean-Jacques Goldman », dit-il.

Pour le reste, il reste modeste et répète souvent ce que lui disait Isabelle Charles, son professeur de chant au château. Surtout ne pas oublier que l'émission qu'il vient de remporter n'est qu'un tremplin, un point de départ. Rien n'est joué. Sa carrière commence maintenant, à lui de la réussir : « La “Star Academy” permet à ceux qui ont vraiment la fibre artistique de gagner du temps par rapport aux autres qui vont devoir ramer comme des fous pour se faire remarquer. Trop de gens s'imaginent qu'il suffit de passer à la télé pour devenir un artiste. Énorme erreur ! »

Devenir un vrai, un grand chanteur et rester au top, c'est le nouveau *challenge* de Grégory. Et, pour le réussir, il va, c'est sûr, démarrer l'année 2005 sur les chapeaux de roues !

2005,
UNE GRANDE ANNÉE !

« Aujourd'hui, Grégory est heureux,
c'est pour moi le plus important. »
(Pierre Lemarchal)

Enfin ! Ce 8 janvier 2005, l'année commence vraiment ! Tous les candidats de la promo 4 sont en effet réunis à Paris pour la soirée exceptionnelle « Star Academy ». Un best of des moments de la saison et surtout l'occasion de rappeler aux téléspectateurs qu'ils entameront une tournée dans les pays francophones le 2 avril suivant. Pour Grégory, l'événement est époustouflant. Reposé, il retrouve enfin ses compagnons de route après plus de quinze jours de séparation. Les embrassades, les rires, les hourras n'en finissent plus ! Très ému, il se jette au cou de Sofiane. Son pote, son grand frère… Il avait presque oublié combien celui-ci était musclé et son sourire, éclatant ! Un peu plus loin, Hoda, la belle boulangère à la voix d'or, qui lui a confié un soir avoir perdu son frère dans des circonstances tragiques, puis Sandy, qui pour vivre a dû faire des ménages, et aussi Lucie, la belle Lucie qui aurait pu gagner s'il n'avait été aussi doué... Au milieu d'eux, Grégory se retrouve comme en famille. Très vite, il reprend ses vieilles habitudes et fait rire tout le monde avec ses pitreries. Heureusement pour Matthieu Gonet, Grégory n'a pas de yaourt à portée de main ! Sinon, c'est sûr, il le lui aurait lancé sur la tête, au risque de se faire courser dans le couloir, comme c'est arrivé si souvent au château. Le château ! Réunis, les candidats de la promo 4, comme on les surnomme maintenant, en ont gardé une certaine nostalgie. Et les voilà qui énumèrent les bons et les mauvais souvenirs de leur séjour ! Les « tu te souviens ? », « tu te rappelles ? », « et il y avait aussi » se succèdent en rafale. Peut-être même évoquent-ils Lennie la râleuse, si vite éliminée, ou Sébastien, dit « le grincheux », lui aussi nommé rapidement...

Pour ceux qui sont là, ce 8 janvier, venus préparer l'émission spéciale produite par Endemol, c'est désormais à la vie, à la mort. Et ils se renouvellent la promesse de se retrouver dans dix ans, le 18 novembre 2014, au château de Dammarie-lès-Lys...

« On y sera, quoi qu'il arrive ! », hurlent-ils...

Dans dix ans... Grégory promet, comme les autres. À cet instant, est-il sûr de pouvoir tenir son serment ? Ou bien, au fond de lui-même, sait-il déjà qu'il ne le pourra pas, parce que la sale maladie qui le ronge l'aura emporté ? Cela, bien sûr, personne ne le sait. Ce qui est certain, c'est qu'au soir de ce 8 janvier Grégory Lemarchal resplendit de forme et de bonne humeur. Depuis le *prime* du vendredi 3 décembre 2004, qui a réuni six millions et demi de téléspectateurs, il sait qu'il va partir en tournée non seulement avec son ami Sofiane, mais aussi avec Sandy, Radia, John, Mathieu, Hoda et Lucie. De belles rigolades en perspective ! Et ce, d'autant plus que ce soir, pendant l'émission spéciale, un autre candidat se joint à la distribution. Après un peu de suspense, les Academyciens apprennent que Fabien, dit Harlem, le rappeur romantique et torturé de vingt-six ans qu'ils adorent, rejoint le groupe déjà composé. Un *must* !

« Fais comme si j'avais pris la mer
J'ai sorti la grand-voile
Et j'ai glissé sous le vent
Fais comme si je quittais la terre
J'ai trouvé mon étoile
Je l'ai suivie un instant
Sous le vent. »

L'émission continue en multipliant la diffusion des meilleurs moments de cette fabuleuse promotion. Dans un silence religieux, les Academyciens regardent et écoutent le magnifique duo virtuel chanté par Grégory et Céline Dion : « Sous le vent ». Un moment magique, que personne n'oubliera, surtout pas Grégory, fan de tous les instants, qui regrette de ne pas avoir fait la connaissance de cette incroyable artiste pendant le programme. Une lacune qui, il ne le sait pas encore, sera réparée quelques mois plus tard. Alors que l'émission touche à sa fin, comment oublier les retrouvailles de ce soir ? Même si, à l'instant de leur séparation, quelques larmes perlent parmi les candidats, Grégory, comme tous les autres, reste plein d'allant et d'enthousiasme. Il ne faut pas être triste. L'aventure de la « Star Ac » va continuer avec la tournée. Et, pour l'heure, place à son disque !

Harlem et Mathieu lui ont appris qu'ils travaillaient d'arrache-pied à leur album, alors que le sien n'avance pas d'un pouce ! Il va se battre pour que ce disque soit à la hauteur…

Comme toujours, il faut commencer par un *single* ! C'est entre cinq cents propositions, pas moins, que Grégory choisit « Écris l'histoire ». Cette chanson d'amour lui plaît énormément. À la fois douce, romantique et pleine de doute, elle lui ressemble, du moins sur le plan amoureux. Avant d'entrer à la « Star Academy », Grégory avait une petite amie – nous ne donnerons pas son nom et nous n'en dirons pas plus, par discrétion. Écrivons seulement que l'éloignement, la notoriété et les absences répétées du jeune chanteur ont un peu déboussolé son amoureuse. Avec douceur et détermination, Grégory chante donc sa peur de la perdre définitivement et lui demande si elle veut toujours de son amour, de lui dire ce qu'elle attend de lui.

« [...] *C'est toi qui choisis*
De rester
Me laisser ici
En douter
C'est toi aussi
Qui sais et c'est bien.

[...]

{Refrain :}
Écris l'histoire
Tout c'que tu voudras entre
Mes lignes
Ton territoire
Étendu si loin sur le mien. [...] »

Un beau message personnel, qu'il est temps pour Grégory d'enregistrer. Pour cela, il entre en studio. Enfermé dans un aquarium de verre insonorisé, il se concentre, des heures durant. Il sait que cette première séance a valeur de test auprès des professionnels présents. Il sait, aussi, que ce n'est pas parce qu'il a remporté la « Star Academy » grâce au public qu'il a gagné, pour autant, le respect du monde de la musique. Même s'il n'en est pas à son coup d'essai, puisqu'il a déjà enregistré « Laissez-moi danser » avec les autres candidats de la « Star Ac », il s'efforce de se rappeler tous les conseils que son père lui donnait quand ils travaillaient ensemble. Consciencieusement, il se plie à ce qu'on lui demande, sans une fausse note, sans un problème. Plus doux, plus triste, plus rock… Décidément, ce jeune homme sait tout faire. Les musiciens, producteurs et ingénieurs du son qui l'entourent sont ébahis par son talent d'interprète. D'abord presque chuchotée sur une mélodie au piano, la chanson s'accélère peu à peu, devient plus rythmée, la voix d'ange de Grégory se fait plus puissante. Le thème est entêtant, mélodieux, facile à mémoriser. Une belle romance qui, c'est certain, plaira au public…

Une fois le disque enregistré et mixé avec succès, Grégory pose pour la photo de la pochette avec le naturel qui est le sien. Face aux objectifs, il se montre à la fois charmeur et émouvant. Surtout, il prend du plaisir à laisser les professionnels saisir son image. Reste à choisir entre les clichés, très réussis. Après bien des hésitations, c'est chose faite. La jaquette blanche, couleur de l'innocence, est ornée de deux photos du visage de Grégory souriant, au-dessus desquelles on peut lire : « Grégory Lemarchal – Écris l'histoire ». C'est la première fois que le nom de famille de celui que la presse, à longueur d'articles, surnomme « le petit prince de la chanson française » apparaît officiellement. Jusque-là, il était « Grégory de la "Star Ac" ». Une fierté supplémentaire pour Pierre. Voilà les Lemarchal en haut de l'affiche !

Pourtant… c'est au moment où tout est prêt, enfin, que Grégory se met à douter, à s'interroger.

À présent, tout est joué. Il a fait de son mieux pour que son disque soit super, comme il dit. Mais si le public ne l'aimait pas ? Si, en quelques semaines, tout le monde l'avait oublié ? Grégory n'est pas le seul à se poser ces questions. Elles taraudent aussi les producteurs du *single*. Depuis Jenifer, les gagnants de la « Star Ac » n'enregistrent plus les recettes espérées. Cette fois, il faut que ça marche !

Mars 2005. Le *single* de Grégory Lemarchal, produit par Mercury-Universal, débarque dans les bacs. Sur le disque figure aussi le désormais célèbre « SOS d'un terrien en détresse ». Mais il débute par sa nouvelle chanson « Écris l'histoire ». Une romance qui a été parfaitement choisie, puisqu'elle enflamme immédiatement les ventes ! En Savoie, les cent vingt mille exemplaires mis en vente exceptionnellement, région natale de l'artiste oblige, disparaissent comme des petits pains. À Paris comme partout en France, les radios n'hésitent pas à programmer régulièrement le premier *single* de Grégory Lemarchal. « Écris l'histoire » est un succès. Tout le monde étant rassuré, il est impensable d'en rester là. La maison de disques s'empresse de travailler sur la production du reste de l'album qui, désormais, doit sortir au plus vite.

Pendant que les meilleurs musiciens et paroliers sont réquisitionnés pour écrire ses futures chansons, Grégory, lui, tourne dans le plus grand secret son premier clip. Il s'agit de doper les ventes du *single*, en surfant sur la vague de sa victoire. Pour cela, quoi de plus efficace qu'un clip diffusé sur toutes les chaînes musicales de télévision et sur Internet ? Et tous ceux qui entourent et conseillent le vainqueur de la « Star Ac » le savent bien…

25 février, 7 h 30. Grégory Lemarchal a rendez-vous avenue Mac-Mahon, dans un cinéma mythique du XVIIe arrondissement de Paris, pour le tournage du fameux clip. À peine est-il arrivé que des stylistes engagées par la maison de disques se précipitent sur lui. Pour l'occasion, elles lui ont créé un nouveau look : T-shirt bariolé, veste sombre pour les scènes avec les figurants, chemise claire et blouson de cuir pour son interprétation, le tout sur un jean légèrement *baggy*. Pas trop minet ni trop BCBG, juste la classe ! En se regardant dans la glace, Grégory est aux anges. Place maintenant au maquillage. En vieil habitué, Greg ferme les yeux et se laisse aller aux mains de la jeune femme qui s'occupe de lui. Un rien de fond de teint, un peu de poudre pour ne pas briller, et il est prêt pour une longue journée. L'intégralité des images doit en effet être réalisée avant 18 heures ! Professionnel en diable mais tout de même taquin, le jeune garçon ne peut s'empêcher de faire des blagues à l'équipe de tournage avant de commencer les prises de vue. Il connaît bien les cadreurs et les ingénieurs du son, puisque c'est avec eux que les candidats de la « Star Academy » avaient tourné le clip d'« Adieu monsieur le professeur ». Cette fois, Grégory est seul devant les caméras, et

il adore ça ! Il faut dire que le scénario du clip est taillé sur mesure, et pas désagréable à jouer. Avec pour seuls dialogues les paroles de « Écris l'histoire », il tient le rôle d'un jeune homme qui va au cinéma en compagnie de quelques amis. Il ne leur a pas avoué que la demoiselle assise derrière lui est en réalité son amoureuse. Quand la salle s'obscurcit et que le film commence, il lui demande par SMS de venir s'asseoir à son côté. Mais, quand elle le rejoint, il lui chuchote à l'oreille de rester discrète sur leur relation. La jeune fille se fâche et menace de partir. Bien sûr, Grégory la rattrape et, devant tout le monde, il lui donne un vrai baiser de cinéma !

Un baiser de cinéma, vraiment ? À regarder l'adolescente qui doit jouer son amoureuse, on se demande si tel va être le cas. La production a en effet choisi une très jolie blonde au sourire craquant et au visage mutin dont Grégory dit sobrement que « c'est une comédienne pleine d'avenir ». C'est sans doute vrai. Ce qui est vrai, aussi, c'est qu'il ne se fait pas prier pour l'enlacer. Sabine, c'est son nom, ne rechigne pas, elle non plus, quand le réalisateur exige qu'ils recommencent plusieurs fois leur baiser, au prétexte d'avoir « en boîte » plusieurs valeurs de plan !

Autour d'eux, la trentaine de figurants engagés pour la journée s'amusent à les regarder. Tous sont heureux d'être là et admiratifs face à Grégory. Beaucoup l'ont suivi dans l'émission de TF1 et n'auraient raté l'occasion d'être à ses côtés pour rien au monde, même si, parfois, le tournage est long et fastidieux. Chaque nouveau plan demande un changement d'éclairage, un raccord maquillage et beaucoup d'attente ! Mais peu importe la difficulté. Tout le monde s'efforce de faire de son mieux, surtout Grégory qui se donne à fond, sourire aux lèvres, mesurant la chance qu'il a de faire enfin ce dont il rêve depuis tant d'années. Et, quand enfin le tournage prend fin, bien après l'heure prévue, tous acceptent de rester un peu plus longtemps encore, le temps de faire une « photo de famille avec le petit prince ». En souvenir. Car, c'est sûr, personne n'oubliera cette journée de tournage, à commencer par Greg ! Quand on lui demande s'il n'est pas trop fatigué, et quelle impression cela lui a fait d'embrasser une fille pour de faux, il répond, un sourire malicieux aux lèvres :

« Pour de faux ? Vous croyez vraiment ? »

Mais l'histoire ne dit pas s'il a revu la jolie Sabine…

DANS LES NUAGES !

« La tournée de la "Star Ac 4" s'est très bien passée. En dehors des déplacements, elle n'était pas trop fatigante pour Grégory car ils étaient neuf artistes sur scène, donc il ne chantait pas tout le temps. En coulisse il pouvait se reposer. »
(Gérard Louvin – producteur de la tournée)

Premier *single*, premier clip, désormais pour Grégory tout s'enchaîne vite. Trop vite. Pendant qu'il travaille à l'enregistrement de l'intégralité de son premier album, il lui faut aussi commencer les répétitions de la tournée « Star Academy ». Le premier concert est prévu le 2 avril à Amnéville, en Moselle, mais deux avant-premières du spectacle doivent avoir lieu les 25 et 26 mars 2005 à Divonne-les-Bains. Ensuite ce sera presque non-stop jusqu'au 24 juin, date à laquelle un ultime concert doit être donné par les Academyciens au palais Omnisports de Paris-Bercy. Une finale en apothéose au cours de laquelle ils chanteront tous ensemble « Laissez-moi danser », leur hymne, mais aussi « Adieu monsieur le professeur », « J'irai au bout de mes rêves », « Les Moulins de mon cœur », « Tous les cris, les SOS ». Heureux d'avoir réalisé son rêve, Grégory ne se plaint pas de ce retour à un rythme trépidant. Mais ses parents et ses proches sont inquiets pour sa santé. Comment le protéger du stress, de la fatigue et de toutes les agressions dangereuses pour lui quand il lui faut arpenter les couloirs parfois enfumés des studios, de la maison de disques ou encore des plateaux de télévision où il est invité ? Dans l'ombre, son attaché de presse chez Universal veille sur lui et balise chacun de ses déplacements. Il faut d'ailleurs peu de temps aux deux hommes pour devenir inséparables. En deux ans, ils ont tissé des liens d'amitié tellement forts qu'aujourd'hui encore l'attaché de presse, qui a quitté la maison de disques, veille jalousement sur la mémoire de celui qu'il appelle son petit frère…

Si tout le monde autour de lui est vigilant, Grégory, comme à son habitude, refuse que l'on s'apitoie sur son sort et encore plus que l'on ralentisse le rythme à cause de lui. Parfois, il pique même des colères mémorables, occasion supplémentaire, s'il en était nécessaire, de démontrer qu'il a du souffle ! Ce qu'il veut, crie-t-il, c'est chanter. Il a tout donné pour cela. Alors, maintenant il faut le laisser travailler, aller vers ce public qui l'a tant soutenu et qui semble l'aimer passionnément…

Le Havre. Rennes. Caen. Rouen. Grenoble. La tournée des Academyciens prévoit non seulement un tour de France mais également deux concerts exceptionnels, les 22 et 23 avril 2005, sur l'île de la Réunion ! Une aubaine pour les lauréats qui se voient ainsi offrir un petit voyage au soleil ! On devine la joie des jeunes gens, qui rivalisent de *« Yes ! »* en apprenant la nouvelle. Grégory se joint à eux. Mais, cette fois, sa joie est teintée d'inquiétude. Jusqu'à présent, ses déplacements ont lieu en train ou en voiture. Il n'a jamais pris l'avion car, en raison de sa maladie, l'altitude et la pressurisation de l'appareil peuvent être dangereuses pour lui. Va-t-il pouvoir suivre ses camarades ? La production de la tournée hésite, elle aussi, à lancer le jeune garçon dans cette aventure. On va même jusqu'à envisager son absence pour cette série de concerts à la Réunion. Pourtant, qu'est-ce qu'un concert de la « Star Academy » sans le grand vainqueur de l'émission ?

On l'imagine. Avant de décider quoi que ce soit, les producteurs mais aussi les parents de Grégory Lemarchal consultent plusieurs médecins. Après plusieurs examens approfondis du patient, ceux-ci se montrent plutôt rassurants. Certes, l'avion n'est pas indiqué lorsque l'on souffre de mucoviscidose. Néanmoins, les risques encourus sont plutôt minimes, à condition qu'un médecin et un kinésithérapeute soient présents dans le staff accompagnant le jeune chanteur. Il faut également prévoir de l'oxygène à bord, en cas de crise, et envisager si besoin le port d'un masque au décollage et à l'atterrissage. Si Grégory le désire vraiment, il peut tenter l'aventure…

« Bon, alors, on y va ! »

Évidemment, cette fois encore pour Greg, pas question de se laisser abattre par la maladie. L'avion, on le tente ! D'ailleurs, comment envisager une carrière internationale sans utiliser de temps en temps ce moyen de transport ?

« Ce voyage, ce sera un test, affirme Grégory. Et je suis sûr que tout se passera bien… »

19 avril 2005. Sofiane, Hoda, Sandy, Harlem, Lucie, Mathieu, Radia, John et Grégory déboulent à l'aéroport international Roissy-Charles-de-Gaulle. L'ambiance est bon enfant. Grégory, comme d'habitude, fait le pitre pour détendre l'atmosphère. Il est tellement heureux de retrouver ses amis du château ! Et puis, Matthieu Gonet, le répétiteur, est également du voyage. Y aura-t-il du yaourt à bord ? Tandis que le mot *boarding* s'affiche sur le panneau des départs, tous s'esclaffent avant de prendre le chemin de la salle d'embarquement. Derrière eux, un nombre impressionnant de techniciens, de musiciens et de danseurs traînent les valises… Pour une tournée de la « Star Academy », une équipe d'une centaine de personnes se déplace habituellement. Pour ce voyage à la Réunion, elle a été réduite de moitié car il est prévu d'embaucher du personnel sur place. Malgré tout, le

nombre de personnes de la « Star Ac » qui prennent l'avion ce jour-là est impressionnant… Après un passage rapide au *duty free* où chacun fait ses emplettes de dernière minute, tout le monde monte à bord du Boeing 777 de la compagnie Air Austral. Une première pour Grégory, qui respire pour la première fois l'ambiance si particulière des avions. À dire vrai, l'atmosphère confinée ne lui fait ni chaud ni froid, occupé qu'il est à chercher sa place. À peine installé, il découvre l'écran niché dans l'appuie-tête du fauteuil qui lui fait face. Durant tout le voyage, il pourra y visionner des films ou bien jouer à des jeux vidéo, ou encore sélectionner de la musique… Comme un gosse, il part à l'assaut de l'écran tactile. Pas une seconde il ne pense au stress du voyage. À deux pas, son médecin et son kiné le surveillent du coin de l'œil et préparent le masque à oxygène au cas où ! Les hôtesses sont prévenues, elles aussi. Et elles prêtent une attention particulière à ce jeune passager dont le beau visage est éclairé par un grand sourire…

« Mesdames et messieurs, ici votre chef de cabine. Nous allons bientôt décoller pour Saint-Denis de la Réunion. Durant notre vol, les conditions météo seront plutôt bonnes. Mon équipage et moi-même vous souhaitons un agréable voyage. Pendant la phase de décollage, merci d'éteindre vos téléphones et ordinateurs portables. Veuillez également boucler vos ceintures de sécurité, relever la tablette située devant vous et redresser vos sièges… »

La voix du stewart s'interrompt. Encore immobile, le Boeing 777 se prépare à décoller. Les moteurs vrombissent, puis l'appareil s'élance sur la piste, qui défile à toute vitesse derrière les hublots. Quelques secondes de plus et il quitte le sol. Malgré le petit voile noir qui lui passe devant les yeux, Grégory tient le choc. Il esquisse même un léger sourire, tant il est heureux de la sensation que lui procure l'avion qui monte dans le ciel. Alors c'est ça, voler ? Autour de lui, il n'y a plus que du bleu. En bas, la terre étale ses champs colorés. Quelques villes de plus en plus petites, des routes, puis les nuages qui enveloppent l'appareil. C'est parti pour dix heures de vol ! Déjà, à bord, la routine des vols long-courriers commence. Les hôtesses chargent leurs chariots de boissons diverses. Eau, sodas, thé ou café, mais aussi alcools en tout genre. À l'arrière, les techniciens, tous regroupés, leur font honneur, un peu trop, même. Tandis que Sofiane et les autres artistes de la promo entraînent Grégory à chanter, offrant un véritable concert aux passagers et au personnel de bord qui les applaudissent chaudement, quelques incidents éclatent. Deux techniciens de la tournée, largement éméchés, perturbent le vol en criant et en se mettant debout sur leurs sièges. Un problème que le personnel de bord a déjà rencontré l'an passé mais qu'il a pourtant du mal à gérer. Quand on leur demande de se rasseoir et de se calmer, les techniciens se rebiffent. L'un d'eux traite une hôtesse de tous les noms. L'autre s'en prend à un passager qui tente d'intervenir. Un moment désagréable, qui laisse finalement place à la quiétude. Voilà plusieurs heures, maintenant, que l'avion a décollé. Les lumières s'éteignent, les passagers se calent dans leur siège, la plupart d'entre eux ferment les yeux. Parfois, il fait bon somnoler dans le silence feutré d'un avion qui vole à dix mille mètres d'altitude. Voilà sans doute ce que pense Grégory, toujours surveillé de près par le staff médical assis près de lui, un staff qui sait qu'il n'aura sans doute pas besoin d'intervenir. Décidément, ce garçon-là est solide : voilà qu'il dort, paisiblement, comme s'il était un vieux routier des voyages aériens…

Mercredi 20 avril 2005. À 8 h 40 précises, l'avion de Paris se pose sur la piste de l'aéroport Roland-Garros de Saint-Denis de la Réunion. À l'intérieur de l'appareil, les Academyciens s'étirent. Traits marqués, yeux légèrement rougis, vêtements froissés, ils se lèvent, l'un après l'autre. Dix heures de vol, même quand on dort un peu, ça fatigue, surtout compte tenu du décalage horaire. Puis les passagers du vol Paris-Saint-Denis de la Réunion sortent de l'appareil. Les hôtesses les saluent tous aimablement, même si l'une d'entre elles a déjà décidé de raconter à un journaliste de l'île les petits incidents qui ont eu lieu durant le voyage. Son récit fera les choux gras de la presse locale, même si elle prend soin de préciser que « les chanteurs ont été très corrects, même s'ils ont fait un peu de bruit… ».

Qu'importe. L'incident, même rapporté, n'entachera nullement la tournée des membres de la

« Star Ac » à la Réunion. Comment cela serait-il possible ? Leurs fans les attendent de pied ferme. Ainsi, à peine sont-ils dans l'aérogare qu'ils sont entourés d'une nuée de jeunes gens et jeunes filles levés à l'aube pour venir les accueillir. Les neuf Academyciens, un peu à l'ouest, comme ils disent, se prêtent tout de même fièrement au petit jeu des autographes. Et les jeunes Réunionnais, eux, n'en reviennent pas d'avoir la chance de toucher Grégory, de le voir en chair et en os ! Pour l'occasion, beaucoup ont revêtu les T-shirts « Star Academy » tournée 2005 que les magasins de l'île vendent depuis quelques jours et qu'ils font maintenant signer par les artistes ! Malheureusement pour eux, la sécurité et la production veillent à ce que cette séance de dédicaces ne dure pas trop longtemps. Les jeunes chanteurs doivent se reposer de leur long voyage, prendre leurs marques, s'habituer, aussi, au climat tropical : 25 à 30° à l'ombre et près de 75 % d'humidité ! Pour les voir à nouveau, leur fan-club devra attendre les séances de promotion prévues le lendemain avec la presse et la télévision locales…

Grégory et ses camarades sont maintenant à douze mille kilomètres de Paris. Pour lui comme pour eux, le dépaysement est total. Et il compte bien en profiter au maximum ! Bien sûr, chez lui, il a regardé à la télévision des reportages vantant les mérites de certains paradis perdus. Il a rêvé devant les Maldives, l'île Maurice, Tahiti, les Antilles. Être dans un de ces lieux magiques, c'est le plus beau cadeau qu'on pouvait lui faire.

Ici, tout l'émerveille. L'eau aux couleurs bleuté, vert, violine, si douce et transparente sur le bord du rivage. Les plages de sable blond, celles de sable noir, qu'il foule du pied avec volupté. Ces cocotiers dressant fièrement leurs feuilles vers un ciel où passent des nuages lourds mais qui ne parviennent pas, pour autant, à faire diminuer la luminosité. La nuit, qui tombe d'un coup, après des couchers de soleil qui incendient l'horizon. Comme un petit garçon, Grégory voudrait tout photographier pour immortaliser les paysages de carte postale au milieu desquels il se déplace. Il prend cliché sur cliché, lui, le petit Savoyard qui goûte à tout sans se lasser. Son lieu préféré, c'est le marché de la capitale. Les fleurs et les fruits exotiques, les tissus aux couleurs chatoyantes, les odeurs entêtantes qui émanent des épices, il trouve tout superbe, il veut tout emporter. Les commerçants sont si heureux de servir le gagnant de la « Star Academy » qu'ils lui font goûter tous les produits de cette île dont ils sont si fiers. Bananes, noix de coco, mangues, fruits de la passion, ananas et autres pastèques juteuses... Grégory n'en a jamais assez...

Les Villas du lagon : tel est le nom du luxueux hôtel quatre étoiles dans lequel les chanteurs de la « Star Ac » ont pris pension. Un complexe aux multiples bungalows multicolores idéalement situé sur la côte ouest de l'île, dans un vaste parc tropical de sept hectares, au bord d'un lagon bleu azur. Les candidats n'en reviennent pas de tant de beauté et, surtout, ils ne savent plus où donner de la tête. Où aller d'abord ? À la salle de gym ? Dans l'un des trois restaurants ? À la boutique de souvenirs ? Au bord de la piscine de mille cent mètres carrés ? À la plage ? Grégory et Sofiane, son complice de toujours, décident de tout tester mais, avant tout, de se régaler des buffets de langoustes et des cocktails de fruits servis à volonté. Leur programme, c'est doigts de pied en éventail et pataugeage dans l'eau chaude et turquoise du lagon ! À en croire certains, elle serait infestée de requins ? Ils s'en fichent. Même les requins ne leur font pas peur ! En revanche, il n'est pas question pour eux de hurler leur joie. Il est important de garder ses forces et sa voix pour les deux concerts prévus et de préserver ses cordes vocales ! À peine sortis, tout juste séchés, les voilà qui se précipitent sur le terrain de golf. Le gazon vert tendre est entretenu avec soin et l'on s'y déplace d'un trou à l'autre dans de petites voitures électriques. Une aubaine pour Grégory qui adore conduire et faire le pitre ! Comme la plupart de leurs camarades, les deux amis sont à deux doigts d'oublier la raison de leur présence dans cette île paradisiaque.

Mais la production ne leur en laissera pas le loisir. Place à la promo et aux deux concerts prévus au petit stade de l'Est…

Hyperchaleureux. Voilà comment les neuf de la « Star Ac » qualifient les Réunionnais. Et pour cause ! Ils se sont précipités en masse pour voir leurs idoles, et Grégory en particulier. Celui-ci n'en finit plus de signer des autographes, de serrer des mains, d'embrasser sur la joue des jeunes filles émues aux larmes. La Réunion s'annonce telle « la cerise sur le gâteau », comme il le dira plus tard. Il en oublie même de regretter la piscine de l'hôtel et son lagon enchanteur... Après une matinée passée à rencontrer leurs fans, les Academyciens doivent maintenant entamer leurs répétitions. L'indispensable Matthieu Gonet les aide à échauffer leur voix. Et, une fois de plus, la musique reprend possession d'eux...

21 heures. Le petit stade de l'Est est archicomble. Les billets se sont arrachés depuis des mois. Il n'en reste plus aucun à vendre, malgré les trente-cinq euros de prix de vente. La « Star Academy » à Saint-Denis est un événement qu'il ne faut pas rater. Pourtant, le show n'a pas grand-chose à voir avec celui de la métropole. Bien sûr, six tonnes de matériel sont déployées sur scène, mais la décoration habituelle ne peut être mise en place. Ainsi, la mise en scène est moins spectaculaire. Il n'y a pas, non plus, les écrans géants qui diffusent d'ordinaire les meilleurs moments de l'émission au début du concert. En revanche, les chansons, elles, sont les mêmes : « Tandem », « Sans contrefaçon », « Laissez-moi danser »... et toutes les autres. Et le public les accueille avec un enthousiasme qui dope encore, s'il le fallait, les Academyciens...

« Écris l'histoire
Tout c'que tu voudras entre
Mes lignes... »

Grégory vient d'entonner en solo « Écris l'histoire ». Une ovation monte vers lui. Un tonnerre d'applaudissements, qui l'atteint de plein fouet. Combien sont-ils, là, devant lui, à l'acclamer ? Mille ? Deux mille ? Trois mille ? Il n'en sait rien. Ce qu'il sait, c'est que tous ces jeunes gens connaissent déjà par cœur les paroles de sa chanson. Et qu'ils la reprennent avec lui, visages chavirés, briquets allumés. Des dizaines, des centaines de petites flammes qui signent sa consécration, mais surtout leur amour pour lui…

Pendant deux soirées consécutives, Grégory et ses amis mettent le feu sur une île qui n'attendait qu'eux. Plus qu'un succès, leurs concerts sont un triomphe. Dans le groupe, l'euphorie est telle qu'il est difficile de s'envoler à nouveau vers la grisaille et le froid parisien. Pourtant, dans quelques jours à peine, c'est le public de Nice qui les attend. Grégory, lui, va fêter la sortie officielle de son premier album.

Lorsque l'avion décolle pour Paris, Greg, la tête dans les nuages, emporte avec lui les images de cette île paradisiaque. Autour de son cou, il porte un collier de coquillages. Un souvenir mais aussi une coutume, là-bas, une manière de dire au revoir, mais surtout de souhaiter bonne chance et beaucoup de bonheur.

Un ange est né !

« Je suis un artiste à part entière.
Je voudrais qu'on me considère comme Greg Lemarchal
et non plus Greg de la "Star Ac". »
(Grégory – *Le Parisien*,
août 2005)

9 juin 2005, 10 heures du matin. Scène inédite pour les passants qui se font plus nombreux en ce début de matinée : Grégory Lemarchal se fait maquiller en plein air sur le banc ouvragé d'un jardin public de Marseille. De quoi provoquer un attroupement de curieux et de fans ! Laetitia, la jeune maquilleuse, passe un fond de teint clair sur le visage du vainqueur de la « Star Ac ». Il ressemble à un pierrot, mais pas d'affolement. Elle sait exactement ce qu'elle doit faire pour que Greg passe à l'écran… À présent, elle le poudre, rehausse d'un peu de gloss ses lèvres, lui demande de la regarder…

« Parfait, dit-elle. Tu ne brilleras pas. Et puis, tu as l'air moins fatigué… »

Effectivement, comme peuvent le constater les témoins qui continuent d'observer la scène, Grégory a bonne mine. Pourtant, la veille au soir, il a donné l'un de ces concerts dont la « Star Ac 4 » a désormais le secret dans la capitale phocéenne, et il s'est couché très tard. La vie d'artiste… Une vie exaltante mais difficile, épuisante, stressante. La preuve ? Les projecteurs du concert à peine éteints, après quelques heures de sommeil, voilà Grégory prêt à tourner le deuxième vidéoclip de sa jeune carrière. Cette fois, c'est la chanson phare de son premier album, « Je suis en vie », que le réalisateur Fabrice Begotti doit mettre en scène sous l'œil vigilant de la Bonne Mère.

« C'est bon ! On se met en place ! »

Toujours sous l'œil des badauds – gageons que, ce jour-là, certains sont arrivés en retard à leur travail ou à leur rendez-vous –, l'équipe de tournage se met rapidement en place. Une quinzaine de personnes qui manipulent avec dextérité câbles, projecteurs, lourde caméra et, bien sûr, micro. Malgré tout ce remue-ménage, certains passants, plus hardis que d'autres, s'approchent de Grégory pour lui demander un autographe. Le jeune homme s'exécute, avec l'un de ces sourires dont il a le secret… Un pro qui ne montre pas son trac – il n'a pas encore conscience de sa télégénie – mais qui « flippe » à l'idée de ne pas être « au top » sur les bandes vidéo…

« Allez, allez, messieurs dames ! Laissez-nous travailler ! Allez ! On dégage ! »

Le réalisateur du clip sait que le temps lui est compté. Tous les plans doivent être en boîte avant la nuit. Cette fois, il faut vraiment commencer à tourner ! Pour la peine, il « pousse une gueulante ». Et tout le monde sort aussitôt du champ de la caméra, tout en continuant, bien sûr, à regarder attentivement ce qui se passe.

« Je peux réécouter la chanson une fois, pour être bien dedans ? »

C'est Grégory Lemarchal qui vient de prononcer cette phrase. Décidément, il n'est pas à l'aise ce matin. Il a besoin d'un petit sursis avant le tournage. Il veut réentendre « Je suis en vie », avant de chanter en play-back sur sa propre voix. Un caprice ? Fabrice Begotti, qui a de l'intuition, sent que ce n'est pas le cas. Grégory est simplement « pro ».

« Ok, dit-il. On passe la chanson. »

Quelques notes de musique. Puis la voix de cristal du petit prince s'élève dans le jardin public.

« Je suis en vie
Ça n'a pas de prix
Ça n'est pas à vendre
Je suis en vie
Je respire et j'espère... »

Les yeux fermés, Grégory fredonne cet incroyable hymne à la vie qui prend toute sa dimension compte tenu de sa maladie. « "Je suis en vie", c'est ma façon de dire m… aux gens qui guettent le moindre signe de faiblesse au niveau de ma santé, a-t-il déclaré. Peu importe ce qui nous tombe sur la tête, il faut savoir se relever. » La preuve : au fil des secondes, sa voix se fait de plus en plus forte, de plus en plus assurée, son visage se décrispe, l'imperceptible tic d'anxiété qui fait frémir sa lèvre supérieure s'interrompt. Décidément, il aime cette chanson, elle lui parle, peut-être un peu plus que les autres de l'album…

« Ok. Je suis prêt. »

Tout est en place. Grégory s'avance, le tournage va commencer. Une journée difficile, car l'équipe doit sans cesse le rassurer, le conseiller, le mettre à l'aise. Et ce n'est pas simple, puisque la mise en scène du clip consiste à magnifier Grégory. Filmé en contre-plongée, une technique de prise de vue qui permet de le faire paraître plus grand, plus important, le jeune chanteur égrène les paroles de sa chanson. Grâce aux mouvements de la caméra montée sur Steadycam, un bras articulé attaché au cameraman par un gilet, Grégory semble monter, monter, toujours plus haut… et chante en surplombant la ville antique. Marseille est à lui, il peut presque voler ! La métaphore filée symbolise, en clair, l'ascension de Grégory dans le cœur de son public, signifie qu'en somme il est un artiste qui compte. Sa carrière est lancée et ne s'arrêtera plus.

Malheureusement, ce n'est pas tout à fait vrai. En effet, depuis le 17 avril 2005, date de la sortie de son album *Je deviens moi*, le nombre de ventes ne comble pas toutes les espérances de Mercury-Universal, sa maison de disques. Certes, il marche bien. Certaines radios passent même régulièrement « Écris l'histoire ». Mais il ne se vend pas mieux que celui d'Élodie Frégé l'année précédente, et on est loin des ventes records de Jenifer. C'est une déception, que les professionnels tentent de minimiser devant le chanteur qui doit poursuivre la tournée et continuer les émissions de promotion. Mais Grégory Lemarchal n'est pas tombé de la dernière pluie. Il a mis tous ses espoirs dans ce premier album, où il a souhaité exprimer les différentes facettes de sa personnalité. Il s'est déclaré « très fier du résultat » et a ajouté : « J'ai tourné la première page de ma vie et j'ai entamé la deuxième. Le titre de mon album résume bien la situation. » *Je deviens moi* est désormais deux fois disque d'or avec deux cent cinquante mille disques vendus. Mais Grégory, lui, se rend compte que tout ne se passe pas comme prévu.

C'est à Gérard Louvin, en qui il a placé toute sa confiance depuis sa sortie du château, qu'il confie ses doutes : « Il voyait bien que son album ne marchait pas aussi bien qu'il l'avait souhaité, il était déçu, alors il me demandait conseil. On s'appelait à peu près tous les quinze jours et il aimait bien me demander mon avis sur le plan professionnel. Maintenant, il fait les couvertures de tous les journaux, franchement j'aurais préféré qu'il les fasse grâce à son talent quand il était vivant. » On le voit, le producteur est amer, et pour cause. Si, aujourd'hui, la plupart s'accordent à reconnaître à Grégory Lemarchal un vrai talent, il n'en a pas toujours été ainsi. Après la sortie de *Je deviens moi*, les médias soutiennent peu celui qui a pourtant fait l'unanimité auprès du public de la « Star Ac », l'émission de télé-réalité la plus populaire du paysage audiovisuel français. Justement, Grégory a du mal à se départir de son image de Star Academycien. Il le confie à la presse qui l'interroge cet été-là : « Le plus dur va commencer en septembre parce qu'il va falloir convaincre le public qui reste peut-être sur des préjugés par rapport à la télé-réalité. [...] Ça restera toujours un truc à part, le déclencheur de cette belle histoire, c'était un tremplin, maintenant je peux être aussi bien sur TF1 que sur France 2, France 3 ou M6. »

Grégory n'a pas l'intention d'attendre la rentrée. Malgré sa déception de ne pas entendre ses chansons sur la totalité des ondes françaises, le chanteur garde le sourire et ne perd pas une once de sa combativité. Il n'oublie pas que, disque d'or ou pas, il est en train de réaliser son rêve. Son premier *single* « Écris l'histoire » n'est-il pas disque de platine avec trois cent mille disques vendus ? Alors, une fois de plus, Grégory fonce tête baissée et participe à toutes les émissions de promotion qu'on lui propose. Câble, satellite, programmes pour jeunes et moins jeunes, Grégory Lemarchal est partout. Cauet, élection de Miss Europe, « Top of The

Hits », journaux télévisés, etc. Chaque fois qu'il est interviewé, il accepte de parler de tout... même de sa maladie.

Mai 2005. Grégory fait l'objet d'un reportage dans l'émission de TF1 du dimanche soir « Sept à huit ». Il en profite pour rappeler combien la mucoviscidose est devenue sa force. Assis dans un fauteuil face au journaliste, il est calme, posé quand il tient les propos suivants : « J'ai réussi à surpasser la maladie parce que je vais au-delà du mal. Ça veut dire que j'arrive à le repousser et même à franchir cet obstacle pour pouvoir aller chercher ce qu'il y a de plus positif en bas, et c'est vrai que ça vient du fond du ventre. [...] Peut-être que si je n'avais pas eu la muco, je ne serais jamais devenu chanteur, peut-être que je serais devenu, je ne sais pas moi, maçon, architecte. [...] Se soigner, c'est aussi bouger, c'est aussi vivre ses rêves et c'est ce que je m'évertue à faire. »

13 mai 2005. Aujourd'hui, Grégory Lemarchal fête ses vingt-deux ans. Un symbole pour les malades atteints du même mal que lui. Non seulement Grégory n'a pas succombé, ni n'est cloué au lit, mais il va chanter, ce soir, sur la scène du Forest National de Bruxelles avec ses amis du château ! Histoire de marquer le coup, Harlem a écrit un rap qu'il interprète avec malice devant un public déchaîné :

« Grégory, regarde la foule, tu nous piques tous nos fans »...

Oui, Grégory est célèbre, populaire. Oui, il a « la pêche ». Oui, il parvient à terminer la tournée de plus de trois mois de la « Star Academy » promo 4. Et, avant le dernier concert prévu à Paris, il trouve même le temps de multiplier les rencontres avec les journalistes pour la promotion de son album. Ainsi, après le « Sept à huit », accepte-t-il de participer à l'émission de Stéphane Bern « 20 h 10 pétantes » diffusée sur Canal + en clair à une heure de grande écoute...

Toutes les loges des studios de télévision se ressemblent : mêmes papiers peints d'un beige passe-partout, mêmes fauteuils faussement confortables, mêmes miroirs reflétant des visages plus ou moins angoissés. Combien de stars, de personnalités politiques sont-elles passées dans la pièce où Grégory attend qu'on vienne le chercher ? Des dizaines, sans doute. Pas plus qu'elles, le jeune vainqueur de la « Star Ac » ne s'habitue à l'ambiance étrange qui règne avant le « Top antenne ». La pièce est silencieuse. Mais l'on devine, même si la porte est fermée, les pas précipités dans les couloirs, les chuchotements des assistants de production, les cavalcades des cadreurs ou des ingénieurs du son. Alors, dans la loge qui lui est réservée au premier étage des studios de Boulogne, l'attaché de presse et ami de Grégory s'efforce à la fois de le détendre et de le préparer au ton de l'émission. « 20 h 10 pétantes », ce n'est pas n'importe quoi. Pour certains, cela peut même virer au drame. Autour de la table, le cynique Ariel Wizman et l'humoriste – non moins acide – Stéphane Guillon sont présents. Il faut donc que Grégory se montre naturel, sincère comme toujours devant les caméras, mais aussi qu'il se méfie des remarques piquantes qui vont, c'est presque sûr, lui être adressées. Viennent ensuite les conseils vestimentaires : comme le talk-show est éclairé en bleu, ce qui donne une fâcheuse mauvaise mine, Grégory doit porter une veste haute en couleur. Rouge, par exemple, ce qui rehausse le teint et offre le mérite de ne pas passer inaperçu !

« Monsieur Lemarchal ? On va y aller. »

La porte s'entrouvre. Une ravissante jeune femme fait signe à Grégory de la suivre. Direction le plateau, situé au rez-de-chaussée. Un endroit que Grégory commence à bien connaître, avec ses entrelacs de câbles électriques posés à même le sol, ses multiples et énormes caméras, ses lumières crues, sa clim parfois trop basse. « Ne va pas attraper froid et, surtout, sois bon ! » chuchote l'attaché de presse, avant de presser le bras de Grégory en un ultime signe d'encouragement…

Mais il n'a pas à s'inquiéter. Quand vient son tour d'entrer sur un plateau de télévision, Grégory n'a pas à se forcer. Naturel et sincère, il l'a toujours été. Il sait aussi qu'il peut compter sur son humour et son sens de la repartie. Alors, quand Stéphane Bern, faussement candide, lui demande pourquoi son album s'intitule *Je deviens moi* et ajoute que, peut-être, ce n'était pas le cas avant, il réplique calmement, un sourire ingénu aux lèvres : « Je deviens moi artistiquement, parce que humainement j'avais déjà trouvé mon identité ! La "Star Ac" m'a permis de m'épanouir professionnellement et d'entamer la deuxième partie de ma vie. » À bon entendeur, salut !

« Grégoryyyyyyyyyy !!! » Voilà ce que hurlent des milliers de jeunes filles quand l'écran géant de Bercy s'allume à 20 heures précises ce 25 juin 2005 et diffuse des images de la « Star Academy ». Ce soir, c'est à la fois une première – les Academyciens n'ont encore jamais chanté dans une salle aussi immense –, et une dernière. En effet, les neuf candidats ne se produiront plus ensemble. La tournée de la « Star Ac 4 » s'achève ici, sur la scène du palais Omnisports de Paris-Bercy, avec tout de même une date supplémentaire au calendrier, tant les réservations ont été nombreuses pour l'unique concert parisien initialement prévu.

Le spectacle est rodé désormais, même si, bien sûr, le trac est toujours présent. Et, avant d'entrer en scène, pas question de déroger à la règle : tous les chanteurs se mettent en cercle et superposent leurs mains pour se donner de l'énergie. Une sorte de rite collectif, qui date du temps de l'émission ! Ce rite, c'est la dernière fois, aussi, qu'ils l'accomplissent. Alors, tout le monde est un peu triste. Comment rentrer chez soi, seul, après trois mois de folie collective ? Comment oublier ces jours, ces nuits passés les uns avec les autres, les joies, les peines, les incidents cocasses ou dramatiques qui les ont à jamais soudés ? Un jour, Hoda s'est mise à saigner du nez au début d'une chanson. Une autre fois, le téléphone portable de Harlem a sonné alors qu'il chantait en anglais devant le public belge. Une autre fois encore, ils se sont trompés de paroles, ont oublié un couplet, ont commencé à bâiller… Et puis, il y a eu le public, leur public, ces milliers de jeunes et moins jeunes qui les attendaient, chaque soir, dans une autre ville, dans une autre salle…

Mais les minutes passent. À présent, dans la salle de Bercy, c'est l'hystérie. Cinq mille personnes crient leurs noms et hurlent devant les images du grand écran. Il est 20 h 30, l'heure d'entrer en scène devant le public parisien. Alors, les Academyciens défont leur cercle. Ce soir, ils se donneront à fond. Pour la dernière fois, ils seront heureux ensemble sur scène. Ils se souriront, ils riront, ils se tiendront la main, ils profiteront de chaque instant de ce show. Aucun d'eux ne sait encore s'il remontera un jour sur une scène. Aucun, sauf Grégory.

Quand, à la fin du spectacle, en jean et sweat à capuche rose sous une veste noire il chante « The Show Must Go on », il sait déjà que l'an prochain il fera certainement une tournée solo avec son album et que, dans quelques jours, son deuxième *single* « Je suis en vie » sortira dans les bacs accompagné du clip qu'il a tourné il y a deux semaines à peine, à Marseille…

Seul dans l'arène

« Grégory avait quelque chose d'assez unique dans la manière dont il chantait, dont il interprétait, il avait du charisme, il avait quelque chose d'assez rare. Dès qu'il a été en contact avec le public à la télévision, immédiatement il s'est passé quelque chose. »
(Pascal Nègre – Soirée hommage TF1)

Dans le bus qui le conduit d'Annecy vers la ville historique de Lyon, Grégory, un rien rêveur, songe à tout ce qu'il a eu la chance de vivre depuis sa sortie de la « Star Academy ». Depuis le début de ce mois de mai 2006, le grand véhicule, aménagé pour être le plus confortable possible, est devenu en quelque sorte sa deuxième maison. Il lui sert de refuge depuis que sa tournée en solo a commencé à travers la France, la Belgique et la Suisse. Son premier album *Je deviens moi* est en vente depuis plus d'un an. Une autre promotion de la « Star Academy » est sortie à Noël dernier, couronnant la jeune Magalie. La jeune fille de dix-huit ans, étudiante en première année de sciences médico-sociales, est dotée d'une voix puissante. Les médias l'ont souvent comparée à Chimène Badi. Malheureusement pour elle, malgré son talent, le public n'est pas aussi attaché à cette reine d'un jour qu'il l'est au petit prince de l'année passée. Tous sont restés fidèles à Grégory. Dans les villes où il se produit, ils sont toujours plus nombreux à venir l'acclamer. Chaque soir depuis le 9 mai, date à laquelle il a chanté seul pour la première fois au théâtre de Longjumeau, il fait salle comble. Il faut dire qu'en accord avec le producteur de sa tournée Grégory a choisi de se produire dans des salles de mille cinq cents à deux mille cinq cents places. Pas plus. Il veut ressentir la ferveur du public, privilégier le caractère amical de la rencontre avec les spectateurs. Et puis, surtout, il n'oublie jamais que sa carrière ne fait que commencer. Pourrait-il réunir plus de monde à chaque concert ? C'est possible. Mais chaque chose en son temps. En attendant, cette première tournée en solo est une réussite. Comme l'année précédente, c'est sur scène qu'il a fêté son vingt-troisième anniversaire, mais cette fois il chante seul « La Quête », de Jacques Brel. Les paroles, comme écrites pour lui, ont donné le frisson à la salle : *« Rêver un impossible rêve, porter le chagrin des départs, brûler d'une pos-*

sible fièvre, partir où personne ne part… » Après toute cette émotion, tous ces succès, pourquoi irait-il tendre le bâton pour se faire battre ?

Aujourd'hui pourtant, le nez collé à la vitre au fond du bus, Grégory a le trac. Car il va y avoir une exception, une seule, à cette tournée dans des salles à taille humaine, comme on dit. Cette exception, ce n'est pas n'importe laquelle, puisque dans quelques jours il chantera sur la scène parisienne du mythique Olympia. Lui, le petit Savoyard qui a abandonné les bancs de l'école en pleine adolescence, a la chance, sept ans plus tard, grâce au tremplin d'une formidable émission de télévision, de chanter à l'endroit même où Jacques Brel, Charles Aznavour ou encore Michel Sardou ont triomphé. Difficile à croire. Pourtant, depuis la fin de la tournée de la « Star Academy » il y a presque un an, Grégory a prouvé à maintes reprises son talent et sa détermination…

Retour en arrière. Nous sommes en juillet 2005. Pour la première fois depuis des mois, Grégory s'accorde de courtes vacances. Et, bien sûr, il les passe en famille, et au bord de l'Atlantique. Bien sûr, il fait moins chaud qu'à la Réunion, l'eau est moins cristalline, le sable moins fin. Mais, tout de même, Grégory est ravi. D'abord parce que, enfin, il se retrouve seul avec ses proches et qu'il peut, à loisir, les redécouvrir. Ensuite parce que l'air vif et le climat tempéré lui redonnent des forces. Il avait besoin de cette halte. Les longues promenades sur la plage, les déjeuners légers, la natation, les parties de pétanque le soir, tout cela lui redonne un moral d'enfer. Et il va en avoir besoin ! Car, dès la rentrée, il rebondit d'émissions de télévision en promotion en tout genre. On lui propose même d'assurer l'une des voix françaises du film d'animation *Zig-Zag* avec Lucie, sa cofinaliste de la « Star Ac »…

Mais c'est à la fin du mois de novembre 2005 que le destin lui offre, pour la deuxième fois, l'occasion de faire pour des raisons professionnelles un voyage fabuleux. En effet, on lui propose de partir au Québec, le temps de tourner le clip de son troisième *single* « À corps perdu »…

Un tournage de trois jours pour un voyage de six jours, à une température oscillant entre 0 et 5°. Pour Grégory, c'est une nouvelle gageure, un défi qu'il relève avec son panache habituel. Une nouvelle fois, il fait le voyage en avion avec un staff médical et des bouteilles d'oxygène. Mais, à la descente de l'appareil, la température n'est pas, loin de là, aussi douce qu'à la Réunion ! Ici il gèle et l'écharpe est obligatoire. Rien de bien effrayant pour un Savoyard pure souche comme lui ! Et puis, quelle beauté ! Grégory, qui a décidément un bel appétit de vivre, est ravi de découvrir la ville de Montréal, et la campagne environnante où le clip est tourné. Les comédiens québécois sont adorables, les filles très jolies, l'équipe technique hyperefficace ! Quant au scénario, il amuse beaucoup Greg. Il raconte en effet l'histoire d'une virée impromptue entre amis du même âge, submergés par les obligations quotidiennes de la vie. Le réalisateur tourne avec talent des images très américaines, baignées par une jolie lumière d'été indien. Bref, le moment est, encore une fois, inoubliable...

Il s'en est passé, des choses, depuis un an et la fin de la tournée de la « Star Academy ». Confortablement assis dans son bus, Grégory regarde, sans les voir, défiler les arbres et les champs sur les bords de l'autoroute. Oubliées les grandes étendues enneigées du Québec, il se remémore, maintenant, son retour en France. Il a eu à peine le temps de passer les fêtes en famille qu'il a fallu préparer l'enregistrement d'un duo : « Même si », avec la belle Lucie Silvas, artiste anglaise de vingt-cinq ans. À la clé, un clip tourné à Londres en début d'année... Puis, en janvier 2006, nouvelle et très belle surprise. Grégory a été couronné « Révélation francophone de l'année » grâce à sa chanson « Écris l'histoire »! Encore un souvenir mémorable. Ce soir-là, son père était avec lui dans un beau costume sombre. Il était si fier quand le nom de Greg a retenti... Il ne savait plus s'il devait l'embrasser, le serrer contre lui ou le laisser filer sur scène pour recevoir sa récompense!

Le bus se gare devant la Bourse du travail de Lyon. S'il ne devait pas chanter là ce soir, Grégory resterait bien dans sa bulle de souvenirs. Il a eu tant de chance de pouvoir vivre tout cela! Mais il se doit aux fans qui, tout à l'heure, vont venir l'acclamer. Alors, foin du passé, même s'il a été formidable. Il faut s'y mettre. D'un geste vif, Grégory enroule une écharpe autour de son cou – toujours ce souci de ne pas attraper froid – et enfile son manteau. Puis il descend du bus, quitte cette maison roulante dans laquelle il vient de passer un long moment avec ses souvenirs. Et il entre dans la salle de spectacle encore glacée…

Prendre possession d'un lieu, c'est ce qu'un artiste doit faire avant toute chose. Mais, parfois, ce n'est pas si facile. Car il n'y a rien de plus désespérant qu'une salle de spectacle vide ! Il y fait froid, l'air est empli d'une odeur indéfinissable, mélange de tabac et de sueur. La voix résonne. Soit il y fait trop sombre, soit il y fait trop clair… Cet après-midi, à Lyon, comme à chaque fois qu'il entre dans une pièce inconnue, Grégory s'immobilise sur le seuil, humant l'atmosphère et enregistrant mentalement tout ce qui va, ou ne va pas, dans le décor qui l'accueille. Ensuite, il relève la tête et marche jusqu'à la scène. Les choses sérieuses commencent ! Avec l'aide de ses techniciens, il met au point les détails techniques du concert de ce soir. Les balances, d'abord, nécessaires pour régler les sons. Pour la plupart des artistes, ce passage obligé est une corvée, les plus grands font même parfois appel à des doublures pour y échapper. Mais, pour Grégory, c'est un vrai plaisir de chanter, même s'il fait très attention à ne pas donner toute la puissance de sa voix pour la conserver intacte au moment du show. Alors, écharpe autour du cou, bouteille d'eau posée au pied du tabouret installé pour lui, il s'en donne à cœur joie…

« Grégory ? »

Surprise. Quelques fans sont déjà présents dans la salle. Une poignée de veinards qui ont remporté un concours organisé par un fan-club de Greg. Alors, avant de retourner dans sa loge, Grégory signe gentiment des autographes et dit un mot à chacun, ou plutôt chacune car, comme on le sait, la majorité des fans de Greg sont des filles ! Un peu plus tard, en début de soirée, les portes de la salle de spectacle s'ouvrent enfin au public. Si tous ont leur billet, beaucoup en profitent pour acheter un souvenir *collector* signé par l'artiste. Affiches, T-shirts, CD... Devant la table qui sert de stand, c'est l'attroupement. La Gregmania bat son plein. Quand tous ses fans ont rejoint la salle, Grégory sort de sa loge vêtu de noir, comme les plus grands chanteurs avant lui. Ce soir, comme toujours avant un spectacle, il est souriant, détendu. À croire qu'il est le seul artiste à ne pas avoir le trac avant d'entrer en scène ! « Il n'y a pas de technique pour gérer le trac : ça ne se gère pas, confie Greg à un journaliste venu l'interroger. J'aime être assez seul avant un spectacle, sauf dix minutes avant où j'ai besoin d'être entouré. » Il faut dire que Grégory a appris une bonne nouvelle. Les billets de ses deux concerts initialement prévus à l'Olympia se vendent tellement bien que la production a rajouté deux dates à Paris. En tout, Grégory va passer quatre soirées sur la scène mythique. Rien ne pouvait lui faire plus plaisir, d'autant que beaucoup n'ont pas eu cette chance ! C'est donc avec « la banane », comme il dit, qu'il entre sur scène et remercie ses fans d'être là. « C'est un rêve qui se concrétise », leur dit-il. Pour toute réponse, la foule hurle et sort les banderoles qu'elle a préparées. « Greg, on t'aime », « T'es le meilleur, Greg », voilà ce qu'il peut lire depuis la scène. Quand il chante, le public l'imite et sort les briquets pour les chansons les plus mélancoliques. Derrière lui, de grands musiciens l'accompagnent. Certains jouaient déjà avec lui sur le plateau de la « Star Academy » tandis que d'autres se produisent habituellement pour Calogero, Nolwenn Leroy ou encore Florent Pagny. Un concentré de talents. Pendant le spectacle, Grégory met le feu aux planches en s'amusant avec les spectateurs. Il les fait participer, leur parle. Les fans sont hystériques. Pour tous, Greg est une bête de scène. Au programme de son tour de chant il n'y a que quatre reprises, le reste du temps il interprète ses propres chansons, que toute la salle connaît par cœur…

OLYMPIA
BRUNO COQUATRIX

MUSIC-HALL
SAT TOUR ET GLEM PRÉSENTENT
GRÉGORY
LEMARCHAL

Quand, enfin, trois jours après son concert lyonnais, Grégory découvre son nom en lettres rouges, lumineuses et gigantesques au-dessus de l'entrée de l'Olympia, il a du mal à contenir son émotion. A-t-il seulement osé rêver ce jour ? Son nom et celui de ses parents en grand dans le plus ancien music-hall de Paris, comme les plus grands artistes depuis des décennies ? Non, jamais il n'aurait pu l'imaginer ! Cette fois, la réalité dépasse ses rêves les plus fous. Depuis plusieurs jours, un cameraman le suit dans tous ses déplacements dans le but de sortir en octobre 2006 un DVD de sa tournée et de ses concerts à l'Olympia. Quand Grégory entre dans ce qui va être sa loge pendant quatre jours, il s'émerveille et fait un bilan bien timide devant la caméra : « Nous sommes un an et demi après la "Star Ac", c'est une belle consécration et un bon signe pour la suite. »

Grégory est un peu écrasé par l'ampleur de ce qui lui arrive. Pourtant, il sait que l'émotion, la fierté et le trac de chanter dans le temple du music-hall ne doivent pas éteindre la flamme qui brûle en lui. Et puis, il va vivre de nouveaux moments exceptionnels. Il doit en effet chanter en duo avec Nolwenn Leroy, Chimène Badi ou encore Lucie Silvas…

20 heures. Une fois de plus, la salle est pleine à craquer. De sa loge, Grégory entend les hurlements des fans. Un réconfort, mais pas suffisant pour empêcher le trac de nouer sa gorge. Car, outre les anonymes, il y a sans doute, parmi le public, beaucoup de professionnels et d'artistes venus l'applaudir. Va-t-il être à la hauteur des

espérances placées en lui ? La pression le gagne. La fatigue des derniers jours ressurgit. Mais il est trop tard. Il doit y aller.

Vêtu d'une chemise blanche, bouteille d'eau à la main, Grégory Lemarchal entre en scène. Face à lui, des banderoles accrochées au balcon et sur lesquelles on peut lire ces mots : « Petit ange, on t'aime. » Autour de lui, les hurlements se font plus forts, couvrent les premières notes de musique. D'une voix cristalline, Grégory entonne les premières paroles de « Je deviens moi ». L'artiste Grégory Lemarchal et sa désormais célèbre rage de vaincre viennent de reprendre le pas sur le jeune Greg tremblant. Face à son public qui savoure la moindre note, il retrouve ses repères, sa mine réjouie et son sourire désarmant. « Ce soir, à l'Olympia, je peux me permettre de dire que de l'ombre à la lumière il n'y a qu'un pas », lance-t-il au public au milieu du concert. Grégory a le sentiment d'avoir fait un pas de géant dans le monde de la chanson française. Devant lui, ses fans lèvent les bras, comblés.

Personne ne se rend compte de la prouesse physique à laquelle il se livre sur scène. Car seuls ses proches connaissent le combat qu'il continue de mener contre la maladie. Gérard Louvin, qui était auprès de Grégory lors de ce concert de légende, se souvient de sa détermination à ne rien laisser paraître :

« À l'Olympia, je l'ai vu chanter pendant une heure trente et, là, je l'ai vraiment vu souffrir. Il lui fallait un sacré courage pour y arriver parce que, à cause de sa maladie, il lui fallait cracher et uriner toutes les vingt minutes environ. Alors, pendant le spectacle il sortait, les musiciens continuaient à jouer et le public ne s'est aperçu de rien. Il avait un très grand courage, Greg ! »

Et il est capable de mener, tambour battant, un show d'une heure et demie à l'issue duquel, comme chaque soir depuis le début de sa tournée, la scène est couverte de roses. En langage des fleurs, c'est synonyme d'amour !

DERNIER COMBAT

> « *Une grosse partie de ma philosophie de la vie c'est* [...] *faut y aller, faut foncer et puis, sans se retourner, se dire : voilà, j'ai tout donné et, malgré les merdes que j'ai pu avoir, j'ai pas de regrets !* »
> (Grégory Lemarchal – « Sept à huit », mai 2006)

Après quatre Olympia à guichets fermés, la sortie d'un DVD et d'un album *live*, Grégory termine l'année 2006 la tête haute et le cœur amoureux. Amoureux, lui ? Oui, et depuis un bout de temps déjà. L'heureuse élue s'appelle Karine. Cette jolie brune au visage fin troué de grands yeux sombres présente la météo et « Star Six Music » sur M6, chaîne qui l'a découverte. Car, comme Grégory, elle doit sa notoriété à une émission de télé-réalité, le « Bachelor », dont elle a été l'une des candidates.

Ces deux-là n'auraient sans doute jamais dû se rencontrer. Quel rapport, en effet, entre le petit Savoyard épris de musique et la jolie Karine qui, après avoir grandi en région parisienne, a été repérée, dès treize ans, par une agence de mannequins ? Karine admire déjà Grégory avant même de lui avoir adressé trois mots. De son côté, Grégory connaît de vue la « Bachelorette » comme on l'appelle. Mais s'ils ont pu s'aimer un jour, c'est grâce à leur maquilleuse commune, Laetitia. En effet – lecteurs, soyez attentifs, l'histoire est un rien compliquée –, celle-ci est en train de préparer Karine au moment où Grégory l'appelle sur son portable.

« Pardon, dit Laetitia à Karine, après avoir raccroché. C'était Grégory Lemarchal.

— Grégory Lemarchal ? Il est charmant !

— Lui aussi te trouve charmante.

— Ah oui ? Eh bien, dis-lui de me contacter… »

C'est ainsi que tout a commencé, par un hasard. Mais, tout de même, on ne s'aime pas pour rien. Comme Grégory, Karine a en elle une véritable rage de vivre, et a dû travailler avec acharnement pour faire ses preuves. Comme lui, aussi, elle a le respect de la famille, et aime pardessus tout la sincérité. Alors, est-il si étonnant qu'ils soient tombés amoureux l'un de l'autre ? De cette idylle, qui leur appartient, nous ne dirons presque rien. Écrivons seulement que, pour vivre en région parisienne avec celle qu'il adore, Grégory abandonne sa Savoie natale. Les deux jeunes gens ne se quittent plus. Et la belle animatrice sait apporter à Grégory le seul bonheur qui lui manque encore dans sa jeune vie d'artiste : la tendresse. Dans la presse, malgré eux, ils s'exposent, main dans la main, tête contre tête. Ils sont beaux, jeunes et célèbres. Encore aujourd'hui, les photos de leurs vacances à l'île de Ré à l'été 2006 restent gravées dans les mémoires. Grégory couché sur le sable blond, tête sur les genoux de Karine qui le regarde avec douceur. Grégory et Karine enlacés, fixant avec émotion l'objectif. Grégory et Karine main dans la main, visages radieux. Ces clichés sont parus dans un grand hebdomadaire *people*. Pourtant, pour préserver leur relation, ni Karine ni Grégory ne veulent faire de leur amour un business. Ils ont chacun leur métier et ne veulent pas tirer de notoriété supplémentaire de leur relation.

Cet amour, Grégory veut prendre le temps de le vivre et surtout de l'écrire pour le chanter. À vingt-trois ans et demi, il n'a jamais été aussi heureux. Ce qu'il vit va bien au-delà de ses rêves. Il veut crier son bonheur, le mettre en musique pour le partager. Chez lui, en banlieue parisienne, à l'abri des flashes, il travaille avec passion à son deuxième album. Dans son nouveau refuge, son nid d'amour aussi, il se repose et veut prendre son temps. Alors, le 19 mars 2007, à la veille de sa publication, le magazine *Télé-Loisirs* annonce officiellement que « Grégory Lemarchal révèle qu'il souhaite arrêter sa carrière pendant un an et ne plus apparaître dans les médias pour prendre du recul. Il souhaite prendre le temps de se poser et d'avoir des choses à dire en écrivant lui-même ses textes. Il devrait donc enregistrer son album à l'été 2008 et, d'ici là, il sera au calme et au repos ».

Du calme et du repos. Voilà ce dont a besoin le corps malade de Grégory. Depuis sa sortie de la « Star Academy », la vie lui a tout donné. Mais tout est allé trop vite, trop fort. À présent, il est épuisé. Si la maladie a marqué le pas pendant un temps, elle n'a pas vraiment reculé, les examens le montrent. Grégory a mis toute sa hargne, sa pugnacité dans sa quête de gloire. Mais son punch légendaire est en train de retomber. Il donne encore quelques concerts, fait quelques apparitions télévisées. Mais, prudent, il décide de s'éloigner des projecteurs pour mieux consacrer aux siens le temps qui lui reste, puisque ce temps lui est peut-être compté.

Quoi qu'il en soit, même au vert, Grégory ne cesse de travailler. Via Internet, il tient ses fans régulièrement au courant de ce qu'il fait, de ce qu'il crée. Tandis que le froid mordant de l'hiver laisse peu à peu éclore les premières fleurs de printemps, Grégory s'économise physiquement mais plonge avec délice dans l'écriture. Il veut que son deuxième opus soit un événement. Alors, il écoute et il trie les nombreuses chansons que lui proposent certains grands artistes comme Patrick Fiori, Julie Zenatti, Pierre Jaconelli ou encore la jeune Julie d'Aimé. Mieux encore : avec acharnement, il écrit, compose et enregistre une quarantaine de textes dans son petit studio personnel. Un boulimique de travail, qui prend tout de même le temps de dîner avec son amoureuse d'une pizza, ou de l'emmener au casino de Deauville jouer au black-jack, une surprise comme elle les aime...

« Je me révèle sous ton regard,
Je fais des rêves où tout va bien,
Je me bouscule, te prends la main
Au crépuscule je te rejoins. »

La chanson s'appelle « De temps en temps ». Elle est l'une des premières qu'il a composées dans sa semi-retraite. Entre les lignes, Grégory dévoile ses doutes, ses peurs et sa fragilité à celle qu'il aime depuis plus d'un an maintenant. Hélas, cette chanson d'amour deviendra le premier succès de son album, malheureusement édité à titre posthume.

Car Grégory va mal, mais il ne veut, comme d'habitude, inquiéter personne. Derrière sa boulimie de travail et sa fébrilité à composer, il cache du mieux qu'il peut une faiblesse physique grandissante. Et, s'il ne dit rien à personne, il ne parle pas plus à Karine, qu'il voit pourtant chaque jour. Comment le pourrait-il ? Ils sont tellement amoureux l'un de l'autre qu'ils ne mentionnent pas cette maladie qui risque de les séparer. Ensemble, ils évoquent au contraire les enfants qu'ils verront grandir un jour... Comme Karine, Grégory pense à la vie, pas à la mort. Se battre, chanter et, maintenant, aimer. C'est grâce à cela qu'il vit !

Pourtant, le mal qu'il combat depuis si longtemps est en train de gagner du terrain. Il a maigri. Beaucoup. Il tousse. De plus en plus. Ses parents, ses médecins lui parlent de plus en plus souvent de cette double greffe des poumons, seul remède capable de le soulager et de reculer l'inéluctable. Mais Grégory refuse. Il n'a pas peur de la très lourde intervention, imposant huit à douze heures au bloc opératoire. Ce qu'il craint, par-dessus tout, c'est d'y laisser sa voix. Une double greffe des poumons pourrait lui donner une dizaine d'années de vie supplémentaires, c'est vrai. Mais que valent dix années de plus sans chanter ? Non, c'est non !

2 avril 2007. À la suite d'une crise plus forte que les précédentes, Grégory prend rendez-vous avec la pneumologue qui le suit à l'hôpital Foch de Suresnes. À l'issue de son auscultation, celle-ci décide de l'hospitaliser. Comme lorsqu'il était enfant, Grégory se retrouve sur un brancard, dans le vaste hall un peu gris des urgences. Le voilà allongé, un masque à oxygène vissé sur le nez. Dans le recoin jaunâtre de la salle d'attente réservée à ceux qui l'accompagnent, ses proches s'inquiètent et culpabilisent. Que se passe-t-il derrière les portes battantes où Grégory a disparu ? Fallait-il le laisser s'épuiser comme cela depuis deux ans ? Il semblait tellement heureux depuis la « Star Academy », que s'est-il passé ? Sa crise est-elle comme celles qu'il a toujours fini par surmonter ou bien, cette fois, est-ce vraiment grave, trop grave pour qu'il s'en sorte ?

Quelques heures plus tard, le verdict tombe. Grégory est dans un état critique. Il doit rester à l'hôpital. Pire encore : s'il n'est pas greffé, il va mourir… Accourus en hâte, Pierre et Laurence Lemarchal, soutenus par les médecins, insistent à nouveau auprès de leur fils pour qu'il envisage sérieusement la double greffe pulmonaire. Oui, Grégory peut y perdre ses cordes vocales. Oui, il pourrait devoir renoncer à sa carrière naissante. Mais, s'il ne cède pas, il perdra la vie, et tous ceux qu'il aime, y compris Karine.

Alors, comprenant que la greffe est sa seule chance, Grégory finit par l'accepter, pour rester le plus longtemps possible auprès de ceux qu'il aime. Par amour, il se résigne à faire le deuil de la chanson si cela s'avérait nécessaire. Le 10 avril 2007, fier de sa décision, le sourire aux lèvres, il signe sa demande de greffe en disant : « Aujourd'hui je signe le plus beau contrat de ma vie. »

Mais, rappelons-le, en France, on manque cruellement de donneurs d'organes. Et des dizaines, des centaines de malades attendent leur tour, sur une interminable liste d'attente… Comme les autres, Grégory doit patienter, espérer qu'un greffon sera bientôt disponible. Mais le temps lui est compté. Allongé dans une chambre d'hôpital sinistre, il s'affaiblit de plus en plus. Pour tromper l'ennui et la souffrance, il envoie des SMS depuis son téléphone portable, toute la journée. De son côté, Pierre Lemarchal alerte tous ceux qui aiment son fils.

« Je lui avais envoyé un premier texto de soutien, quand son père m'a appris que, sans greffe, ils avaient peu d'espoir. Grégory était sous respirateur artificiel, mais il m'a quand même répondu : "T'inquiète pas, je m'accroche en repensant à toutes ces belles choses que j'ai vécues" », se souvient Gérard Louvin.

Même sous respirateur artificiel, Grégory s'accroche à la vie. Il se bat avec tellement de rage, une fois de plus, contre sa maladie que personne autour de lui, comme en témoignera son père dans un magazine, ne s'autorise à baisser les bras, à désespérer : « Pour nous, il devait rester parmi nous, il devait recevoir cette greffe, continuer à vivre, à chanter. [...] On savait qu'il avait une épée de Damoclès au-dessus de la tête, comme tous les jeunes atteints par la mucoviscidose, mais on y a cru jusqu'au dernier moment. [...] Même quand il était dans le coma, pour moins souffrir, on s'est dit qu'il serait greffé, se réveillerait et continuerait à nous casser les pieds, comme aime à le dire son manager, et surtout à chanter. » Chaque jour qui passe, Grégory Lemarchal pense lui aussi que l'arrivée du greffon est imminente. Ce n'est qu'une question de temps, il faut tenir ! La porte va s'ouvrir, un médecin entrera et lui annoncera la bonne nouvelle. Alors, une fois sorti du bloc, on le délivrera enfin de cette machine qui respire à sa place...

26 avril. Cette fois, Grégory n'en peut plus. Ses dernières forces l'abandonnent. Pour la première fois de sa vie, peut-être, il ne peut plus se battre.

À son chevet, ses parents tentent, avec difficulté, de dissimuler leur inquiétude. Leur enfant ne peut pas, ne doit pas mourir. C'est impossible. Il y a eu déjà tellement d'alertes et de miracles que, forcément, un autre va survenir !

Mais, trois jours plus tard, les médecins décident de plonger Grégory dans un coma artificiel pour le soulager de ses souffrances en attendant la greffe. Comment et au bout de combien de temps se réveillera-t-il ? Cela, personne ne le sait. Mais il souffre tellement que les praticiens veulent lui éviter ce qui est, selon eux, un véritable chemin de croix. Grégory leur a fait signe qu'il accepte d'être endormi. Ses parents cèdent, eux aussi. Ils sont là, ils lui tiennent la main, ils lui chuchotent « au revoir, à tout à l'heure », au moment où on l'endort.

Grégory a fermé les yeux. Son visage est serein. Dans la chambre d'hôpital, tout est étrangement calme. Seuls les bruits réguliers du monitoring cardiaque et du respirateur artificiel troublent le silence. Allons, il a l'air d'aller mieux, il ne souffre plus. Dans une heure, dans un jour, un greffon va arriver et Grégory sera sauvé… Le cœur rempli d'espoir, Pierre et Laurence Lemarchal partent se reposer. Dehors, d'un coup, le ciel s'assombrit.

Le lendemain, 30 avril 2007, à 20 heures, Patrick Poivre d'Arvor ouvre son journal de TF1 par ces terribles mots :

« Une très triste nouvelle pour tous ceux qui ont suivi son ascension et son combat contre la maladie, le jeune chanteur Grégory Lemarchal, qui avait remporté la "Star Academy" il y a trois ans avec 80 % des suffrages du public, est mort aujourd'hui à l'âge de vingt-quatre ans des suites de la mucoviscidose qui le rongeait. »

À 13 heures, ce jour-là, Grégory s'est incliné du fond de son sommeil forcé. Sans un dernier salut, il devient alors le symbole d'un combat nécessaire contre une maladie encore trop méconnue.

Tu nous rends meilleurs !

À peine annoncée, l'injustice de la disparition de Grégory Lemarchal bouleverse la France entière. Le lendemain de son inhumation, Nikos Aliagas ouvre en direct du château de Dammarie-lès-Lys une émission spéciale « Star Academy » intitulée « Grégory : la voix d'un ange ». Tous ceux qui ont côtoyé de près ou de loin le petit prince y participent : Patrick Bruel, Hélène Ségara, Lara Fabian, Marc Lavoine, Pascal Obispo, Yvan Cassar, Gérard Lenorman, Christophe Willem, ainsi que l'écrivain Marc Levy qui lui a écrit une si belle chanson dans son premier album. Même Céline Dion, l'idole absolue de Grégory, a tenu à envoyer un message émouvant : « J'ai eu la chance de rencontrer Grégory Lemarchal lors de mon passage à la "Star Academy" en France en octobre 2005, j'ai par la suite visionné son interprétation de sa chanson "Et maintenant", qui lui avait permis de remporter la victoire l'année précédente. Elle m'avait bouleversée. Grégory était un garçon dont le talent et la joie de vivre m'ont tout de suite touchée. Son courageux combat contre la mucoviscidose m'a particulièrement émue parce que c'est une souffrance que j'ai côtoyée de près puisque ma nièce Karine est aussi décédée de cette terrible maladie alors qu'elle n'avait que seize ans. Je sais aujourd'hui comme c'est dur pour ses proches et tous ceux qu'il a laissés derrière. Je veux qu'ils sachent que je suis de tout cœur avec eux. »

Difficile ce soir-là de ne pas pleurer en participant à l'émission. Alexia Laroche-Joubert, Gérard Louvin et tous les professeurs ont les yeux rougis par une émotion trop intense. Toute la soirée, des images de Grégory sont retransmises, augmentant encore, si c'est possible, le manque cruel provoqué par sa disparition. Heureusement, ses camarades de la promo 2004 sont là pour dire combien ils aimaient Greg et combien il les faisait rire, rappelant au passage quelques bagarres rangées à coups de ketchup ou de yaourt ! Car le but de cette soirée n'est pas de « faire pleurer dans les chaumières », comme disait Grégory, mais d'alerter enfin les Français des ravages de la mucoviscidose.

Faire réagir, engranger des dons pour qu'enfin la recherche scientifique ait les moyens de trouver un remède à ce mal terrible et que d'autres ne succombent pas comme Grégory. Tel est le but de cette émission, au cours de laquelle on rappelle que cette maladie génétique est fréquente, puisqu'elle touche en France un cas sur cinq mille naissances. En clair : tous les deux jours, dans notre pays, un bébé naît atteint de mucoviscidose ! Et environ six mille personnes vivent tant bien que mal avec cette affection dans l'Hexagone !

Ce 4 mai 2007, grâce à l'hommage que tous veulent rendre à Grégory Lemarchal, le pari de l'information est en passe d'être remporté. Au standard de l'émission, les promesses de dons affluent. Devant leur poste de télévision, plus de dix millions de téléspectateurs réunissent près de huit millions d'euros au profit de la lutte contre la mucoviscidose. Une première victoire. Et ce n'est que le début. L'émotion suscitée par la disparition de Grégory provoque en effet une prise de conscience de la part de son public, en particulier chez ses plus jeunes fans. Un mois à peine après son décès, plus de trente-trois mille personnes demandent leur carte de donneur d'organes. Les associations en faveur des dons sont débordées. C'est l'équivalent d'une année d'inscriptions en temps normal ! Du jamais vu, et une vraie chance pour les douze mille patients en attente de greffe.

Le malheur veut que, pour Grégory, ce sursaut arrive trop tard. Son destin était-il de mettre son talent au service d'une cause et de devenir un jour le symbole d'un combat contre la maladie ? Aujourd'hui, ses proches veulent y croire. Ils viennent en effet de créer une association de lutte contre la mucoviscidose qui porte son nom.

Et, s'il n'y a pas pire douleur que celle de perdre son enfant, c'est pour continuer le combat de leur fils que Pierre et Laurence Lemarchal acceptent que sorte au mois de juin l'album sur lequel Grégory travaillait avant de s'éteindre. Quatre titres inédits et plusieurs reprises, il n'en fallait pas plus pour combler ses fans.

La Voix d'un ange et le *single* « De temps en temps » se placent immédiatement en tête des hit-parades. Les ventes sont pharaoniques, et les bénéfices sont bien sûr reversés à l'association Grégory Lemarchal. Grâce à cet argent, on va pouvoir aider la recherche, créer un réseau de spécialistes en kinésithérapie respiratoire dans les régions qui en manquent et, surtout, multiplier les événements médiatiques pour que ne retombe pas l'élan de solidarité. C'est le nouveau combat de Pierre Lemarchal.

« [...] Le paradoxe de cette maladie, dit-il, c'est qu'elle ne se voit pas : les malades paraissent en bonne santé. Grégory a toujours voulu protéger sa carrière par rapport à ce qui le tenaillait, mais à présent il est temps pour Leslie, sa sœur, Laurence, ma femme, et moi-même de dévoiler le quotidien de ces jeunes et de se battre pour eux et avec l'aide de notre fils. »

Désormais, tous les espoirs sont permis pour les six mille patients français atteints de mucoviscidose. En effet, au début du mois d'octobre 2007, une équipe du CNRS de Poitiers a révélé être sur la piste d'un médicament qui combattrait enfin efficacement cette maladie : le Miglustat.

Une molécule déjà connue et commercialisée pour soigner une autre maladie génétique rare et qui, d'après les tests des chercheurs sur des souris de laboratoire, donnerait d'excellents résultats. Grâce aux dons récoltés par l'association française Vaincre la mucoviscidose, des tests sur des cobayes humains ont débuté en Espagne. Dans quelques mois peut-être, selon les résultats, d'autres essais seront menés à grande échelle.

Le début d'une victoire sur le mal…

SOURCES

Gérard Louvin, *L'Agenda secret du directeur – Star Academy 4*, Albin Michel, 2005.

France-Soir, 22 décembre 2004.

Le Figaro, 3 mai 2007.

Gala, 25 juillet 2007.

Nous Deux, 21 août 2007.

Paris-Match, 23 décembre 2004 ; 3 mai 2007.

Le Parisien, 10 septembre 2004 ; 8 octobre 2004 ; 10 décembre 2004 ; 22 décembre 2004 ; 23 décembre 2004 ; 8 janvier 2005 ; 11 août 2005 ; 30 mai 2006 ; 23 mai 2007 ; 2 mai 2007 ; 4 mai 2007 ; 5 mai 2007 ; 18 juin 2007 ; 28 mai 2007.

Star Ac mag, avril 2007 ; hors série spécial Grégory Lemarchal.

Télé loisirs, 25 août 2007.

Télé Star, 23 juin 2007.

TV Grandes chaînes, juillet 2007.

VSD, 9 décembre 2004 ; 23 décembre 2004 ; 2 novembre 2005 ; 9 mai 2007 ; 20 juin 2007.

Nous avons également consulté les très nombreux sites Internet dédiés à Grégory Lemarchal, et nous avons bien sûr regardé les épisodes de la « Star Academy 2004 », les clips, ainsi que les émissions de promotion auxquelles Grégory a participé.

Nous remercions particulièrement M. Gérard Louvin.

TABLE

Cet ouvrage a été composé
par Atlant'Communication
aux Sables-d'Olonne (Vendée)

Impression réalisée sur CAMERON par

CPI
Brodard & Taupin
La Flèche (Sarthe)
en novembre 2007
pour le compte des Éditions de l'Archipel
département éditorial
de la S.A.R.L. Écriture-Communication

Imprimé en France
N° d'édition : 1097 – N° d'impression : 44296
Dépôt légal : novembre 2007